20 世纪中国图书馆学文库·46

图书馆读者
工作教程

张树华　赵世良　张涵　编

國 国家圖書

本书据北京大学出版社 1986 年 5 月第 1 版排印

前　言

　　这本教材是供图书馆学专业学生学习使用的。图书馆在职干部，也可以作为业务学习材料。

　　本书的第一、四、七章由张树华（北京大学图书馆学系）执笔，第二、三章由赵世良（黑龙江省图书馆）执笔，第五、六章由张涵（北京大学图书馆学系）执笔。最后定稿时，由张树华、张涵两同志做了统一编纂的工作。

　　本书在编写过程中，曾征求过中国科学院图书馆佟曾功、南京航空学院图书馆王可权、黑龙江大学图书情报系李修宇等同志的意见。北大图书馆学系研究生郑挺同志曾参加第二稿的讨论。在此一并表示感谢。

　　由于我们的水平所限，缺点和欠妥之处在所难免，望读者批评指正。

著者

1984 年 12 月

目　　次

第一章 总 论

图书馆是搜集、整理、保存和利用文献资料的机构。图书馆系统地搜集、科学地整理和保存各种文献资料，其最终目的是为了让读者利用。而图书馆的读者工作就是宣传、推荐、检索和提供文献资料的工作，是广泛地开发利用文献资源的重要手段，也是图书馆通向社会的桥梁。

读者工作具有多种性质。它不仅是文献交流系统的中间环节，也是社会宣传教育系统的组成部分。从读者工作本身所具有的性质来看，读者工作的实质是传播知识、交流情报、进行教育。

读者工作是整个图书馆工作体系中的一个组成部分。其内部又可分成组织读者系统、组织服务系统和组织管理系统三部分。其外部又是社会情报交流系统和社会教育系统的有机组成部分。这些系统标志着读者工作的内涵与外延。

第一节 读者工作的性质和职能

什么是读者工作，不同时期曾有各种不同的看法。解放前，在一些图书馆学书刊中，认为读者工作主要就是图书流通工作。解放后，随着图书馆性质的变化，读者工作部门配合各项中心工作，大力开展图书宣传和阅读指导工作，在工作内容上有了进一步发展。由于图书宣传和阅读指导工作在宣传教育方面发挥了较大的作用,因此许多人又认为读者工作也是一项教育工作。六十年代以后,由于世界科学技术的迅速发展和文献资料的大量增长,客观形势要求读者工作以最快的速度,从大量文献中筛选出最符合读者需要的文献。因此,过去被动的出借文献的做法已不适应客观要求,必须转向主动报道、检索、传递文献,转向大力开发文献资源的方向上来。而电子计算机在文献检索中的应用,进一步加强了读者工作在传递文献中的作用。所以现在人们又将读者工作看成是一项传递文献、交流情报的工作。

从上述变化中,我们可以看出读者工作随着社会对文献的需求,有一个从低级到高级、从简单到复杂的发展过程。它的性质和职能是在不断发展变化的。

一、读者工作的性质

读者工作从其性质来看,包含并概括了图书馆的基本性质。这是因为图书馆的性质及其对社会的作用,必须在读者利用文献的过程中才能显示出来。所以,图书馆的主要属性也就是读者工作的基本属性。具体来说,读者工作具有下列性质:

1. 读者工作是文献交流系统的中间环节

图书馆收藏着各种文献资料。在文献中蕴藏着各个学科的丰富知识,凝聚着人类智慧的结晶。人们通过阅读文献,可以学到前人或他人所创造的知识,使人类对客观世界的认识,在时间上可以长期地积累、保存下去,在空间上可以广泛地传播、推广开来。因此文献资料是人类极其宝贵的精神财富,是我国实现四个现代化不可缺少的重要资源。

文献对社会产生影响的大小,取决于文献利用的深度和广度。图书馆收藏的文献资料必须广泛交流、使用,才能使文献中凝聚的知识被人们认识、理解和应用,才能使文献中的知识转化为社会生产力。而读者服务工作就是采用外借、阅览、文献复制、文献检索等各种方式,将文献资料提供、传递给广大读者使用的工作。这种文献的提供和传递,实质上是一种知识的传递,它可以促使人类知识得到继承和发展,可以促进生产的革新和科学的进步,可以提高人民群众的科学文化水平,并进一步推动人类去创造更多的物质财富和精神财富。从这个意义上讲,读者工作是一项传播知识、交流社会情报的工作。它是社会文献交流系统中的一个重要组成部分,是文献交流过程中的一个中间环节。

2. 读者工作是社会宣传教育系统的组成部分

书刊文献是强大的宣传教育工具。图书馆作为人们共同利用书刊文献的组织者,它在宣传教育工作中起着重要的作用。

在我国,读者工作通过文献的宣传、推荐活动,可以宣传马列主义;宣传各项方针政策;可以向读者进行革命理想、共产主义道德、爱国主义和国际主义等方面的教育。它以自己特有的方式在社会政治思想教育体系中发挥着积极的作用。

通过文献的传递、使用,还可以传播科学技术知识。随着信息社会的发展,要求以最快的速度,传递最新的科技文献,以帮助科技工作者掌握本专业的最新成就,推广生产中的先进技术和经验,从而在科学技术教育体系中发挥重要作用。

读者工作部门也是向广大人民进行科学文化教育的基地。通过书刊文献的宣传、利用和指导,可以配合学校教育、业余教育以及读者个人的自学,帮助读者开阔知识视野,提高学习能力,加深学习效果。

综上所述,读者工作无论在社会政治思想教育、科学技术教育以及社会文化教育中都起着重要的作用。从这个意义上讲,读者工作是一项教育工作,它是社会教育系统中的重要组成部分。但图书馆的读者工作主要是通过文献资料的宣传、推荐、阅读指导来发挥教育作用的。这是它区别于其它社会教育工作的特点。

3. 读者工作是图书馆全部工作的外在表现

图书馆的全部业务工作按其性质可以分为两大类:一类是图书的搜集、整理、典藏和保护等,称为藏书工作或图书馆的内部工作;另一类是图书的传递和使用工作,如图书外借、阅览、宣传辅导、解答咨询、文献检索等,也称读者工作或图书馆对外工作。这两部分工作都是直接或间接为读者服务的,都是完成图书馆任务不可缺少的组成部分。但由于读者工作是面对读者的第一线工作,所以它在图书馆的全部业务工作中占着更为重要的地位。读者工作的好坏,对于文献资源开发利用的深度和广度,对于图书馆满足读者阅读需求的程度以及图书馆方针任务的贯彻执行,都有直接的关系。一般来说,读者往往以读者服务工作的优劣来评价一个图书馆工作质量的高低。另一方面,图书馆的藏书组织工作一定要通过读者工作才能为读者利用,并在利用中得到检验。例如,搜集、补充书刊的数量和质量如何,分类、编目和目录组织工作是否科学,藏书组织是否系统,规章制度是否合理,整个工作中存在什么缺点或问题等,这些都要在读者工作的实践中得到衡量和检验。所以说,读者工作是全馆工作的前哨,是图书馆全部工作的外在表现。

二、读者工作的职能

1. 文献提供的职能

文献提供是读者工作的最基本的职能,也是工作量最大的一部分工作。文献提供主要是进行一次文献的传递。图书外借、阅览、馆际互借、复制服务等,都是一次文献的提供。当然,有时也提供二次文献,如文摘杂志、推荐书目、专题书目、联合目录等。

做好文献资料的提供工作,需要读者工作部门在读者与文献之间充分发挥桥梁作用。而要发挥这种桥梁作用,则需要进行一系列细致而艰巨的组织读者和组织服务的工作,才能满足读者对文献的需求。其中包括:要解决读者需要的多样性与文献资料的复杂性之间的矛盾,解决图书馆与读者之间的供与求的矛盾,解决文献的藏与用之间的矛盾等。

2. 文献检索的职能

文献检索的职能是随着文献的大量增长而不断加强的。由于文献的数量和类型急剧地增加,给读者查找文献带来许多困难。因此要求读者服务工作从大量的文献中为读者检索、筛选最适用的文献,有针对性地满足读者需求。

文献检索的职能在多项服务活动中得以体现,如目录检索服务、咨询检索服务、定题检索服务等。

电子计算机应用于文献检索工作后,使文献检索职能进一步加强。今后随着信息社会的发展和计算机网络化的发展,文献检索的范围将不断扩大,速度不断加快,检索技术也越来越先进。而检索技术的发展,又将进一步强化读者工作的文献检索职能。

3. 阅读指导的职能

阅读指导的职能是由读者工作的教育性质所决定的。苏联O.C.丘巴梁在《普通图书馆学》一书中曾指出:"阅读指导这个概念反映的是图书馆教育的过程。这个过程的内容为:在了解读者的爱好和要求的基础上,通过积极地宣传图书和推荐图书的方法,有目的、有计划地影响读者阅读的内容和性质,影响他们对书籍的选择和领会。"(见该书第44页)

阅读指导的内容是多方面的。首先,要有目的地向读者推荐适用的、优秀的书籍,有针对性地满足读者对文献的需求;其次要开展读者培训工作,扩大读者的文献视野,并使读者掌握不同文献的特点以及查阅文献的方法和途径;第三,对青少年读者要引导他们有系统地阅读书刊,不断提高阅读能力和阅读效果等。总之,要以提高读者利用文献的能力,提高他们的阅读修养和阅读效果为主。

阅读指导不仅内容丰富,而且范围广泛。阅读指导可以贯穿于一个人生命的始终,无论在幼年教育、青少年教育、学校教育、业余教育、成人教育乃至老年教育中,均可发挥积极的作用。

4.图书宣传的职能

我国图书馆作为社会主义的文化教育机构,具有宣传教育的职能。图书馆的宣传工作虽然不完全由读者工作部门来完成,但它应承担很大一部分任务。

在读者工作中,图书宣传的内容主要有:

(一)根据各项方针政策以及重要的纪念日、节日,宣传有关的书刊资料。

(二)主动地宣传、介绍馆藏文献或某些专题文献的内容。

(三)宣传科学文化知识,组织有关的宣传和交流活动。

(四)宣传读书的意义、作用,组织读书心得、读书效果的交流活动。

(五)宣传图书馆,包括宣传图书馆的性质、任务、服务设施、藏书特点以及规章制度等,以扩大图书馆的影响,吸引更多的人来利用图书馆。

图书宣传也是一项具有教育性质的工作。在实际工作中,它与阅读指导是紧密联系的。

由于图书宣传是社会宣传工作的一部分,所以在开展各种宣传活动时,可与共青团、工会、妇联等社会团体互相配合或共同举办。

5.服务职能

读者工作本身是一项服务工作,上述四种职能都须通过服务活动才能实现,所以服务职能贯穿于全部读者服务活动中。

读者工作是以文献资料为工具来开展服务的,所以是一种文化性的服务工作。服务职能的核心是"为人找书"和"为书找人"。也就是说,要使图书馆所收藏的大量文献资料找到最需要利用它们的读者,要使广大的读者找到他们最需要的文献。这是一项水平很高的服务工作。

综上所述,根据读者工作的发展及其本身所具有的性质和职能,我们认为:读者工作是利用图书馆的文献资料及其它条件,通过组织读者和组织服务,使读者获得知识、掌握情报的一种服务工作。读者工作的实质是传播知识、交流情报、进行教育。

明确这一实质,对读者工作的理论和实践都将产生一定的影响。从实践方面来看,将会突破当前仅仅根据读者提出的要求而被动地借还图书的局限,进而转向根据读者的学习、生产或科研的课题,主动地报道、检索文献资料或解答咨询方面;转向对读者进行阅读指导或培训方面,使读者工作在原有基础上大大提高一步,并在社会文献传递和社会教育中发挥更大的作用。

从理论方面来看,将会扩大读者工作学科的研究领域,开拓读者工作研究的内涵和外延,从而促进它的研究水平不断提高。

第二节 读者工作的体系

读者工作的体系按其性质可分为组织读者和组织服务两个主要部分。而组织读者与组织服务是一件十分复杂的工作,所以组织管理也应看作是读者工作体系中的重要部分。

一、组织读者

读者是服务工作的对象,是服务过程中最活跃的,并且是经常变化着的因素。组织读者、研究读者是开展读者工作的前提,是有的放矢地为读者服务的关键。由于读者的类型多样,他们对文献的要求又各不相同,所以组织读者包括下列内容:

1.划分读者类型

图书馆的读者类型是很复杂的。划分读者类型是为了掌握不同读者的阅读特点,以便更好地开展服务工作。

2.研究读者的阅读规律

读者研究或称"用户调研"是有针对性地开展服务工作的必要条件。研究读者,首先要对读者的阅读需求,包括阅读需求的动机、目的、爱好等进行调查;其次要调查不同类型读者的需求特点;还要调查不同时期读者需求的倾向、趋势以及用书的特点等,并在此基础上总结出读者阅读的规律。

3.发展读者,组织读者队伍

根据各图书馆的性质、任务,将符合本馆服务范围的人发展为本馆的读者,并进行读者登记。发展读者,组建读者队伍是组织读者的重要环节,也是了解读者的基本情况、研究读者动态、进行读者统计的重要依据。

二、组织服务

组织服务是读者工作的中心环节,即利用文献资料开展各种读者服务活动。主要包括下列几个部分。

1.服务内容

(一)阅览服务

(二)外借服务

(三)馆际互借服务

(四)文献复制服务

(五)文献报道服务

(六)参考咨询服务

(七)文献检索服务

(八)阅读指导和图书宣传

2.服务场所和服务设备的设置

（一）馆内服务场所的设置

（二）馆外流通场所及设备的设置

（三）各种复制设备的设置

（四）视听设备的设置

（五）自动化设备。用于读者工作的自动化设备主要是电子计算机文献检索网络系统。除此之外,用于图书流通工作的自动化设备还有"数据收集器"及其相应的软件设备。

3.服务方式方法

读者服务的方式方法是多种多样的,并且随着服务手段的现代化而不断发展变化。常用的服务方法有:

（一）按服务读者的方式分

（1）个别的服务方式:如个人外借、阅览、个别的阅读指导、个别的解答咨询等。

（2）集体的服务方式:如集体外借、集体性的阅读指导活动等。

（二）按阅读指导和图书宣传的方式分

（1）口头宣传的方式:如口头图书推荐、口头解答咨询等。

（2）文字宣传的方式:如书目报道、书面解答咨询和文献检索的文字宣传材料等。

（3）直观宣传的方式:过去多利用图书展览向读者进行直观性的宣传,现在由于视听资料的出现,图书馆开始利用各种视听资料进行直观宣传。

在实际工作中,服务方式与服务内容是紧密结合进行的,这里由于剖析读者工作的各个组成部分,故把它们分开来阐述。

三、组织管理

读者工作的组织管理以有效地利用文献,发挥人力和设备的作用,加快文献的传递速度,提高阅读指导和服务的质量为主要目标。其主要内容包括：

第一，有系统地组织借书处、阅览室及其辅助藏书和相应的读者目录。

第二，合理地组织劳动和利用各种设备，最大限度地发挥人力物力的作用。

第三，对服务效果进行分析和评价，以探求最佳的服务方案。

下面试用图表反映读者工作体系。

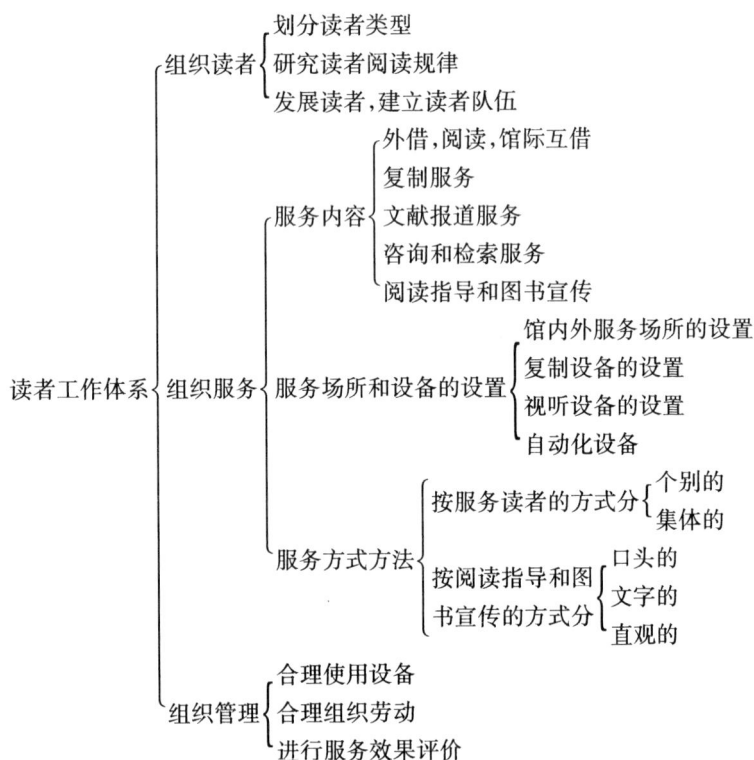

```
                    ┌ 划分读者类型
           组织读者 ┤ 研究读者阅读规律
                    └ 发展读者，建立读者队伍

                            ┌ 外借，阅读，馆际互借
                            │ 复制服务
                    服务内容 ┤ 文献报道服务
                            │ 咨询和检索服务
                            └ 阅读指导和图书宣传

读者工作体系                              ┌ 馆内外服务场所的设置
        ┤  组织服务  服务场所和设备的设置 ┤ 复制设备的设置
                                          │ 视听设备的设置
                                          └ 自动化设备

                                          按服务读者的方式分 ┤ 个别的
                                                            └ 集体的
                            服务方式方法 ┤
                                          按阅读指导和图      ┌ 口头的
                                          书宣传的方式分      ┤ 文字的
                                                            └ 直观的

                    ┌ 合理使用设备
           组织管理 ┤ 合理组织劳动
                    └ 进行服务效果评价
```

10

第三节　读者工作的原则

读者工作的内容如此丰富,要做好这项工作必须遵循一些原则。

一、满足读者的需求

"千方百计满足读者的需求","一切为了读者",这一原则是读者服务的精髓,是读者工作活力之所在。

满足读者需求包括两个方面的涵义:一是我们的读者服务工作要以"读者"为中心,千方百计地满足读者对文献的需求;另一个涵义是图书馆的一切工作都要围绕读者而开展,以读者的需要作为一切工作的出发点和归宿。"满足读者需求"不仅是一个服务态度的问题,更重要的是一个服务观点的问题,即以什么观点来开展服务工作的问题。

革命导师列宁对图书馆的读者服务工作曾经作过许多精辟的论述。早在十月革命前的1913年,列宁在《对于国民教育能够做些什么?》一文中就赞扬了西方国家(特别是美国和瑞士)图书馆的读者服务工作。列宁指出:他们所注意的"是使大量成套的图书连儿童也能利用;他们关心的是使读者能够在自己的家里阅读公家的图书"。(见《列宁全集》第十九卷272页)

为了贯彻"满足读者需求"的原则,需要着重解决的问题是:

第一,延长开馆时间。列宁在《论彼得格勒公共图书馆的任务》一文中曾指出:图书馆和阅览室的开放时间应当"每天从早八点开放到晚十一点,节日和星期日也不例外"。(见《列宁全集》第二十六卷310页)我国的《高等学校图书馆工作条例》中也明确规定"开馆时间每周不少于七十小时"。开馆时间的长短是反映一个图书馆服务观点的最具体的表现。

第二,加快借书速度。能否提高借书速度不仅是一个技术问题,也是一个服务观点问题,即能不能"急读者之所急"。

第三,开展馆际借书和邮寄借书。这是千方百计满足读者需求的重要措施之一。列宁在《论彼得格勒公共图书馆的任务》一文中指出:应"立即无条件地进行根本改革"的第一条就是"开展国内外的馆际互借",第二条是邮寄借书"应当由法律规定予以免费"。

第四,扩大读者服务面,提高图书馆服务的覆盖率。高校图书馆和科研机构图书馆应经常检查在本校或本机关内利用图书馆的读者占多少比例,从而了解服务面的大小。公共图书馆应调查它在居民中的覆盖率。目前我国公共图书馆的数量还很少,在居民中的覆盖率还很低。在这种情况下,应多设分馆或流通站,以扩大服务面。

此外,不仅要满足现实读者的需要,还应进一步了解潜在读者的需要,并设法使潜在读者变成现实读者,满足他们对书刊的需要。这也是扩大服务面的重要方面。

在扩大服务面中,还应注意对儿童的服务。

二、充分发挥藏书效益

这一原则是从前一个原则引申出来的。图书馆是人类文化的宝库,如何开发精神资源,充分发挥藏书的作用,这是做好服务工作,贯彻"满足读者需求"原则的根本保证。

发挥藏书效益需着重解决下列问题:

第一,提高文献的利用率,使书刊尽量接近读者。要达到这一目的,最好的办法是采用开架式。这是近年来国内外图书馆越来越广泛地采用开架方式的根本原因。

第二,广泛地宣传、报道、推荐各种文献,使读者了解图书馆收藏些什么,并进一步揭示文献的内容、性质,这也是提高文献利用率的有效方式。

第三,培训读者,提高读者查找和利用文献的能力,这不仅是提高文献利用率的重要措施,也是培养读者的情报意识,帮助读者从知识的海洋中筛选自己所需要的知识,提高读者科研能力的重要途径。

第四,开展定向、定题文献检索。这是主动地开发精神资源,并从文献中挖掘各种有用的、重要的材料,从而促进生产和科研发展的一种服务。由于它的针对性强,检索出的文献能够对准科研课题的需要,并采取主动报道的形式,因此在开发精神资源方面具有重要的作用。

三、区别服务

"区别对待"是教育学中的一个理论问题。在教育工作中要根据不同教育对象的智力和其他条件,采用"因材施教"的方法。也就是说,要根据被教育者的不同情况,有区别地进行教育。图书馆工作是一种社会教育工作,在图书馆工作中也必须针对读者的不同年龄、性别,不同的文化程度,不同的工作性质,使用不同内容和性质的文献资料,采用不同的服务方式,有区别地进行服务。这是在分析了不同读者的需要、不同文献在使用上的特点以及在不同条件下如何给予服务等各方面的因素后,而进行的有区别的、有针对性的服务。区别服务的核心是提高服务工作的针对性,从而较准确地满足不同读者的不同需求。

图书馆有很多读者,根据各馆的性质和任务,有些属于重点服务对象,有些则属于一般服务对象。对于重点服务对象,应当有区别地在借书范围、册数和期限、服务方式以及服务措施等各方面给予重点保证和优先服务。当然,在满足重点读者借阅需要的同时,也要兼顾一般读者的借阅需要,给予应有的重视。所以贯彻区别服务的原则还能使图书馆的服务工作分清主次、保证重点、照顾一般,从而使馆藏文献及人力、设备等条件用于最需要的地方。这也是提高全馆服务质量的重要保证。

上述三项原则是相互联系、相互制约的。"满足读者需求"是读者工作的基本原则,是开展一切服务活动的出发点。"充分发挥藏书效益"是贯彻第一项原则的重要措施,只有充分利用文献、发挥文献的作用,才能达到"满足读者需求"的目的。而"区别服务"是实现第一、第二项原则的重要保证,只有有区别地服务,才能提高服务质量,真正发挥藏书的作用。

第四节 读者工作学科的构成

读者工作学科是图书馆学的一个分支。它是研究读者阅读需求的规律以及图书馆读者服务工作规律的一门学科。

读者需求和读者服务都是不断发展变化着的,因此,反映在读者工作学科的研究上,也必须随着读者工作实践的发展而不断充实和发展。

读者工作学科的构成包括:读者工作学科的研究内容、它的相关学科以及研究方法等几个方面。

近年来,图书馆界曾有"读者学"的提法。我们认为,"读者学"不能全面地概括"读者工作学科"的全部内容,特别是其中传递知识和开展教育的内容,因此本书采用"读者工作学科"的提法。

一、读者工作学科的研究内容

读者工作学科的研究内容包括理论、历史、方法三个方面。

1.读者工作的理论研究

（一）读者工作的理论基础和指导思想的研究。

（二）读者工作的性质、职能和作用的研究。

（三）社会阅读需求以及读者阅读心理和阅读行为的规律的研究。

（四）读者培训和读者反馈系统的理论与方法的研究。

（五）服务体制、服务系统和服务网络的组织与管理问题的研究。

（六）服务效果的评价和经济效益的分析。

（七）各项服务活动的理论研究等。

2.读者工作历史的研究

（一）读者服务观念和服务思想发展史。

（二）读者服务工作发展史。

（三）读者阅读史。

（四）读者工作学科的发展史。

3.读者工作方式方法的研究

（一）各种服务方式的最优化方案的设计和组织。

（二）各种服务方法的运用及其相互间的联系。

（三）运用各种方式方法为读者服务的经验总结。

二、读者工作学科与其它学科的关系

读者工作学科与心理学、社会学、教育学、情报学、目录学、管理科学、计算机科学等学科有着密切的联系。读者工作学科广泛运用着其它学科的理论来充实自己，并与其它学科相结合，产生了一些新的学科。

1.读者工作学科与心理学的关系

读者工作学科与心理学相结合，形成"读者心理学"。读者心理学的研究内容包括生理与心理两个方面。生理方面的研究主要是指人类通过大脑的机能,如何反映并吸收文献中的知识。其中包括感觉、知觉、表象、思维等方面的研究。心理方面的研究是指读者受先天的特性或社会的影响而产生的阅读动机、阅读需求、阅读兴趣和爱好等方面的研究。(见裴樟松著《谈谈读者心理学》一文,载《图书馆工作与研究》1981 年第 1 期)

2. 读者工作学科与社会学的关系

读者工作学科与社会学相结合,形成阅读社会学。阅读社会学主要是研究文献资料在社会中发挥作用的功能和规律,了解并说明社会阅读需求产生的背景,确定阅读在社会现象中的位置及其在形成精神世界中的地位。(见(苏)萨哈洛夫著《读者工作》一书的 2·1·4·3 节)

图书馆研究的重点应放在:阅读在社会各阶层中的普及程度;读者阅读的动态、倾向、趋势以及形成这些倾向、趋势的社会因素和个人因素;如何影响读者的阅读内容,提高读者的阅读修养等。

3. 读者工作学科与教育学的关系

读者工作学科与教育学相结合形成读者教育学。读者教育学是应用教育学的理论与方法,作为指导读者阅读以及开展各项服务活动的理论基础。随着读者工作教育内容的发展,随着阅读指导和读者培训工作的深入,读者教育学的理论和实践必将不断得到充实和发展。

4. 读者工作学科与情报学、目录学的关系

读者工作学科必须充分运用目录学的知识作为宣传图书、指导阅读的根据。

读者工作学科还必须充分引进情报学的理论与方法,这是推动读者工作学科的理论和实践向纵深发展的重要因素。

5. 读者工作学科与管理学科的关系

由于读者工作的服务对象、服务内容、服务方式都非常复杂,所以在读者工作研究中要充分运用管理科学的知识。例如,读者

的合理组织,服务机构的有效设置,人员劳动的合理安排,服务效果的科学统计等,均须运用管理科学的知识。只有用管理科学的知识充实读者工作学科,才能使其研究取得科学的根据。

6.读者工作学科与计算机科学的关系

由于现代化技术,特别是电子计算机在读者工作中的广泛运用,使得读者工作学科与计算机学科的关系越来越密切。当前,在世界新的技术革命的形势下,电子计算机技术在读者服务工作中的应用将会越来越普及、深入。在这种新的情况下,读者工作学科必须引进计算机学科的知识来发展本身的内容,才能适应客观的需要。

由此可见,读者工作学科广泛地应用着一些社会科学和应用科学的内容。

三、读者工作学科的研究方法

读者工作学科有它自己专门的研究方法,同时,它也广泛地应用着其它学科的研究方法和一般的研究方法。

1.读者工作学科的专门研究方法

读者工作学科的专门研究方法有:读者服务统计材料分析法;读者登记卡分析法;书袋卡分析法;索书条分析法;读者咨询档案分析法等。

2.应用邻近学科的研究方法

可以应用心理学、社会学的一些研究方法来开展读者工作学科的研究。例如,采用实验法、观察法、社会调查法、专家评定法等。

3.应用对一切学科适用的方法

马列主义的唯物辩证法,就是适用于一切学科的方法论,它对于读者工作学科的研究具有指导意义。

综上所述,读者工作学科有它特定的研究对象、研究内容与研究方法,因而成为一门独立的学科。它正处于不断发展、不断完善的过程中。

参考文献

1. 概论图书馆学 周文骏 《图书馆学研究》 1983 年第 3 期

2. 浅淡高校图书馆的教育职能 刘德桓 《大学图书馆通讯》 1983 年第 1 - 2 期

3. 读者服务工作的组织与管理 佟曾功 《图书馆研究与工作》 1981 年第 4 期 1982 年第 1 期

4. 试论读者服务工作的意义与原则 沈继武 《图书情报知识》 1982 年第 2 期

5. 读者工作浅议 冀森 《云南图书馆》 1983 年第 1 期

6. 论情报服务学的研究 莫作钦 《情报科学》 1983 年第 4 期

7. 读者学初探 何鑫龙等 《高校图书馆工作》 1982 年第 3 期

第二章　读者研究

在当代社会中,由于精神交流活动的急剧强化和各类型出版物的广泛传播,阅读已成为日益普遍的社会现象。通常把从事阅读活动的人们称为读者,读者存在于社会的各个阶层。

很多单位对读者的阅读进行研究。例如教育、科学与文化机构,新闻、出版和图书发行部门,国家和各社会团体的宣传机关等,无不从各自的角度对人们的阅读活动进行研究。它们实际上已经形成了一种共同进行读者研究的庞大社会系统。各类型图书馆作为社会阅读活动的直接组织者,是这一系统中的重要环节。

图书馆读者是社会上全体读者的主要组成部分。图书馆学从自己的角度研究读者,其目的是为图书馆工作、特别是为其中的读者工作寻求理论和实践上的根据。

阅读行为是构成读者的最主要特征,故本章首先分析阅读行为。其次涉及到从事阅读活动的人,即读者。众多读者的阅读活动构成了一种特定的社会现象,所以第三节专谈社会阅读活动,并论证了产生图书馆的客观原因。第四节主要分析图书馆的读者群与读者队伍。读者研究是进一步探讨以下各章内容的前提。

第一节 阅 读

阅读行为是读者的最基本特征。

对阅读的研究是当代学术活动中比较活跃的一个范畴。近五十年来,全世界发表的有关阅读问题的研究著作已超过一万篇。从五十年代到六十年代,在北美、西欧和苏联等地,曾以大量的社会调查为基础,对群众阅读活动进行了多方面的研究。在七十年代前后,曾出现了一系列研究阅读的专门著作,其中包括1974年在汉堡出版的《阅读研究手册》。该书篇幅达六百多页,它广泛引证了各种观点的大量文献,是一部重要的总结性学术著作。此外,各国学者曾多次召开国际性学术会议,专门研究阅读问题,又成立了国际阅读学会(IRA)作为常设机构。联合国教科文组织还于1965年在维也纳组建了国际儿童文学与阅读问题研究所。美国芝加哥大学也设立了专门的阅读研究室。这些都是重要的专门研究机构。

阅读研究涉及的问题极为广泛,各方面的争议问题很多。作为研究图书馆读者的必要基础,应该首先了解有关阅读的若干基本方面,即其产生、过程、目的和修养。

一、阅读的产生

人类在地球上已生存了三百万年,而阅读的历史充其量不过数千年,其产生可以说是很晚的。

产生阅读行为的必要前提是文字与文献的创制。在文献形成的过程中,同时也就开始了人们的阅读活动。

人类经历了漫长的旧石器时代,而在大约一万年以前才进入了新石器时代。这时出现了农牧业,人们开始定居,并掌握了烧制陶器的技术。虽然生产力得到了很大提高,但仍未出现成熟的文字。随后相继到来的铜器时代和铁器时代,社会生产力有了更大的发展,世界各地流传至今的早期文献就出现在这个时期前后。五千多年前,在两河流域的古巴比伦王国,苏美尔人最早使用楔形文字写成了大量的泥版书。有六千年历史的我国山东大汶口文化已有文字符号出现。而作为成熟文字的殷墟甲骨文则有三千多年的历史。把文字写在以天然材料构成的载体上,例如石头、龟甲、兽骨等,就形成了原始的文献。

文献的创制是为了满足人们在社会生活中发展精神交流的需求。在这以前,人们交流思想、感情、对客观世界的认识,以及关于物质生产的知识,都只能依靠口头语言来直接进行,但是这种交流有极大的局限性。以字符记录语言而形成的文献,则使人类的精神交流打破了时间与空间的界限,创造了准确地远距离地传递信息的手段,也就是有了间接精神交流的中介。从此,人们进入了新的、高速发展的文明时期。由此可见,产生文献的基础,既包括发展到一定水平的物质生产能力,也包括不断增长的精神交流需要。文献产生之后,反过来又使人类社会的精神交流的规模急剧扩大、效率急剧增强。

文献的利用方式只能是阅读,其作用只有通过人们的阅读活动才能得以充分发挥。所以阅读成了人们进行精神交流的基本形式之一,其产生和发展也同样是以一定的物质生产水平和精神交流需求为条件的。

几千年前的早期阅读活动规模很小,也就是说,只有极少数具备必要条件的人,才能从事阅读。其原因首先是由于那时生产文献的技术水平很低,在相当长的时期内,人们只能用纸莎草、贝叶、羊皮、甲、骨、竹、木等天然材料作为文献的载体,而且只能以简单的手工方式来书写文字,所以根本不可能生产大量的文献。其次,进行阅读只能利用社会必要物质生产所能提供的剩余时间,而这在那时也是极其有限的。这就使得社会上的绝大多数人既得不到可供利用的文献,也没有可用于阅读的时间。但是,阅读的产生毕竟是人类精神交流发展的重大阶段性标志,其历史意义是深远的。

二、阅读的过程

阅读作为利用文献的基本形式,从来是人们的一种有意识的行为,其实质是汲取文献中所记录内容的个人精神活动。

阅读活动的主体是人,它主要是靠个人的精神活动来实现的。阅读的客体从表面上看似乎是文献,而实际上则是文献著者注入于其中的内容。文献的内容也都是人们精神活动的产物,它是由著者为了将知识存储起来,并传播给他人而注入于文献之中的。所以这种以文献为中介的精神交流形式的传递作用是单向的。它以文献著者为发端,而以读者为另一端,并以后者的阅读活动作为基础。因此,汲取文献内容的阅读活动是实现这种精神交流的必要环节。

阅读活动既是一个生理过程,同时也是一个心理过程。这两种过程是紧密联系着的。

阅读须从感知文献中的字符开始,这主要是靠人们的视觉器官来完成的。我们的眼睛要以光为媒质来感知文献中的字符,首先通过视细胞和视网膜神经网络进行能量转换,然后经过视神经传导到大脑皮层的神经中枢。所以说,阅读首先体现为一种生理过程。

人们在感知和区别字符的基础上,即可以通过第二信号系统的高级神经活动来认识字符的含义和它们之间的联系,并进而理解文献的内容。这样就开始了思维活动,也就是开始从实质上汲取文献中所包含的信息。所谓理解,就是将文献中读者还不掌握的知识,与读者头脑里的固有知识之间建立必要的逻辑联系。这种逻辑联系的深度与广度决定着理解的水平。如果未能建立联系或所建立的联系相当薄弱,就说明读者无力充分理解所读的文献;而这种联系愈全面,也就理解得愈深刻。理解的最后结果是使新汲取的信息,变成为读者固有知识的有机组成部分,并成为他进一步理解更新的知识的基础。这种思维活动是个人心理的一个重要方面,所以说阅读也是一种心理过程。

阅读作为一种精神交流的形式,它对个人和社会的作用是积极的。当然,在某些情况下,阅读也可能会产生一些消极影响。积极的阅读能使人们获取新的信息,丰富知识储备,改善自己的知识结构,同时也有充实精神世界和提高道德修养的作用。正确指导下的阅读活动,能有效地普及科学文化知识,提高人们的文化素养,并能推动物质生产的发展。阅读也是一切科学研究活动中必不可少的重要环节。积极的阅读一般都是有成果的,它具有明显的创造性。所以它也是一种劳动过程,属于一种普遍存在的脑力劳动形式。

三、阅读目的

阅读是人们的一种有目的的行为。阅读的目的产生于阅读的动机,而动机则形成于人们的社会生活之中。基于对主观或客观需要的了解和对于文献与阅读的认识,人们在一定条件下就必然会产生阅读的愿望,而这种愿望又无不具有预期的目的。

人们的阅读目的各不相同。为了充分地认识与掌握人们的阅读目的,必须对它进行系统的类型区分。从图书馆活动的角度来看,可依人们把阅读中汲取的新知识,准备应用于社会活动的哪些方面来进行区分。这样,我们可以把它区分为以下四种:

1. 学习

其目的是以文献所包含的知识来充实自己的头脑,也就是为将来的社会实践做智力上的准备,这种阅读称为学习。特点是仅要求充分掌握文献的固有内容,而与人们的创造性活动之间暂时

23

尚无直接的联系。在校学生和人们在系统自修中的阅读活动,其目的即属于这一种。

2. 应用

为解决面临的具体社会性任务而需要直接利用某些特定文献的内容时,这种阅读称为应用。特点是要利用的文献不多,而且内容都是前人的成熟经验和研究成果,如事实、方法或技术等。比如技术工人或专业农民为在生产中采用先进经验而阅读有关文献时,其目的即为应用。

3. 研究

有些人为开拓新的知识领域而在所属科学或技术的前沿进行着创造性的探索,这种阅读可称为研究。特点是要利用在一定历史阶段中积累起来的大量文献,并需涉及若干相邻的学科,而且要对许多作者的文献内容进行对比与综合。各学科的学者与专家们的业务阅读活动即多以此为目的。

4. 享受

单纯为满足个人在一定时间内的精神需求而从事的阅读活动,其目的称为享受。特点是以个人的心理状态为选择读物的主要根据,而不完全以汲取知识为目标,它与社会性任务和创造性实践也大多没有直接的联系。其效果在于调节情绪与恢复精神,业余的文艺作品阅读即多以此为目的。

这种区分阅读目的有利于图书馆读者工作的开展,但仍需注意以下两点:

第一,每一个人的阅读活动都可能不只一种目的。人们在阅读活动中的不同目的是交替出现的,是随着阅读动机而不断转换的。比如一位高级工程师,他可以为专题研究而阅读大量的有关文献,或为应用某项资料而寻求特定的读物,也可以为增加知识储备而学习相关专业的图书,以期将来应用于自己的社会性实践。至于他在空闲时间阅读文艺或科普作品,那主要就是为了享受了。

第二,人们的每一项阅读活动可能不仅具有一种目的,有时同时能达到多种目的,但其中仍必然有一种目的是主要的。比如一位语文教师,他为充实授课内容而查阅某些文艺评论文章,这种活动无疑也有学习的效果,甚至他在阅读过程中也得到了相当的精神享受,但其阅读的主要目的还是在于应用。

四、阅读修养

阅读修养指的是人们在阅读活动中驾驭文献的能力,也就是掌握和利用文献的能力。人们的这种能力是后天形成的,即在自己的阅读实践中通过不断的磨炼逐步取得的,所以称为阅读修养。人们的阅读修养有高有低,但只要不停顿自己的阅读活动,这种能力就必然会不断提高。在当代文明社会中,阅读修养是个人修养的一个重要方面,它是一种在精神活动中接受信息的能力,是形成人们生产与创造的综合能力所必备的条件。

阅读修养要求有一定的基础条件,即语文水平和知识储备。

语文水平并不是阅读修养的本身,而只是其形成的必要基础。从语种来看,首先当然是母语。但一个人对母语不能进行选择,而从全世界范围内的整个文献情况来看,各个语种的作用大小相差极为悬殊。所以为扩大阅读能力,还必须掌握某些主要语种的文字,即英、俄、日、德、法、汉等语种。语文水平首先表现在书面材料的阅读能力。书面材料是我们了解外界信息的主要渠道之一,而且也是我们表达与传播个人认识的重要手段。其次,语文水平还表现在写作能力的高低。阅读与写作的能力是紧密联系、相辅相成的。一个人的写作能力过低,必将使其阅读能力的提高受到局限,因而也就不能达到较高的语文水平。

知识储备也是形成阅读修养的必要基础,它包括基础知识与专业知识。对基础知识的要求不在于高深,但需力求全面。因为在各学科的知识之间无不存在着广泛的联系,如果一个人的知识面过于狭窄,必然不能取得较高的阅读能力。从当前的文化教育状况看来,为取得理想的阅读能力,应以普通中等教育所要求达到的广度与深度为基础。至于专业知识,这里指的是中专或大学所应具备的专业学识水平,以及为进一步钻研所需要的相关专业知识。

阅读修养的具体内容包括以下三个方面的能力:

1. 选择文献的能力

这是进行高质量阅读的前提。为此需要对有关文献有大致的了解,并掌握其检索方法。选择文献首先要有适当的广度,以期达到既不浪费精力,又无重大遗漏。其次是目的性要明确,这是选择文献的根据。另外,当选择成批的文献时,须注意其系统性,以及各种文献之间的相互关系。而最主要的是对文献的鉴别力,能够尽快地对文献的学术价值与作用等做出判断。

2. 理解读物的能力

这种能力直接决定着阅读的收获,是阅读修养的核心。由于阅读目的的不同,人们对同一读物的理解可能有很大差异。总的要求一是准确,即尽量避免对文献内容的臆测;二是完整,要弄清原作的系统观点;三是深刻,要多联系有关事物来进行思考与印证;四是灵活,即不受原作者的局限,而能结合自身的需求来汲取有益的内容。

3. 消化知识的能力

阅读的实际效果如何,取决于这种能力的大小。消化知识首先指的是使新获取的知识与本人所固有的知识真正融为一体。这需要经过一个批判与吸收的思考过程。同时还要结合实践经验,对文献的内容及其应用价值做出自己的评价,并在此基础上把阅读的收获作为自己认识与处理问题的依据,从而使它产生最大的效益。

阅读修养所包含的上述三种能力固然体现着一定的层次性,

却又是紧密地结合在一起的。它们互为条件,在提高阅读修养的过程中是相互促进的。

第二节 读 者

读者作为社会历史的产物,随着人类文明的发展,其出现是必然的。

读者二字作为一种称谓,它指的是从事某种特定的社会性活动,即阅读文献的人们。读者不能视为一种职业,也不能构成特定的社会阶层,而是分散存在于一切社会行业与各个阶层之中。任何人都可以成为读者。

为掌握读者及其活动的规律,首先需要了解形成读者的条件、读者的实质特点与类型区分,同时还要了解读者对文献的需求。

一、读者的形成

随着文献的产生和利用,人们出现了阅读行为。那些在当时为数不多的从事阅读活动的人就成了最初的读者。可以认为,紧跟着文献的创制,几乎同时也就有了读者。从人类社会文明发展的过程来看,形成读者固然是历史的必然,但作为一种社会现象,读者的形成是需要一系列条件的。这些条件中既有客观上的,即社会性的,也有主观上的,即属于读者个人的。

形成读者的客观条件与出现文献的条件大致相同,主要是社会经济水平的提高、精神交流需求的增长和科学文化知识的普及。社会物质生产水平不断提高,才能使人们获得除社会必要物质生产以外的剩余劳动时间,并把它用于阅读而成为读者。这是最根本的条件。社会剩余劳动时间的多少决定着读者数量的发展。精神交流需求的增长,突破了口头交流的局限,是产生文献与读者的直接条件。随着文献技术的发展,继天然材料载体的手工文献之后,又出现了造纸和印刷技术,使阅读活动得到了极大的普及。科学文化知识的传播又迅速提高了人们的文化素质,从而出现了更多的读者。形成读者的这些社会条件是紧密结合、相互促进的。

然而,一个人成为读者,还需要有主观上的条件。在客观条件相同时,并不是人人都能成为读者。形成读者的主观条件有三条:

1. 怀有阅读愿望

这是一种心理状态,即为进行职业活动,充实知识储备或满足精神需求而感到有阅读文献的必要。这种愿望是成为读者的首要主观条件。有了它,即使其它条件暂时还不充分,也能通过努力而逐步达到。

2. 具备阅读能力

即必要的文化素养,包括掌握文字的能力和在阅读实践中逐步学会的阅读技巧。这也就是前一节中所谈到的阅读修养。人们的阅读修养有高低的不同,但如根本缺乏这种能力,是不能成为读者的。

3. 从事阅读活动

即必须有实际的阅读行为,而且要有相当的阅读数量,或经常以一定的时间用于阅读,使阅读成为个人精神生活的真正组成部分才能成为读者。

凡是具备上述三项条件的人才是充分意义上的读者。为了与其他的社会成员相区别,我们可以称之为现实的读者。通常谈到读者时,指的就是这种现实读者。对于其中阅读修养较高、能从事专业阅读的成年人,可以称为成熟的读者。这种区分也有益于对读者的研究。

凡不完全具备上述三项条件的人,则属于潜在的读者,意思是说他们有可能转化为现实的读者。

二、读者的实质

读者指的就是借助于文献来汲取外在信息的人。从这个角度来看,读者的实质包含以下四个方面:

1. 读者是社会情报与宣传作用的客体

随着生产的发展与社会的进步,信息的作用日益强大,同时由于现代信息传播技术的飞速发展与推广应用,形成了规模庞大的社会情报与宣传系统,其作用所及,已达到了每一个社会成员。文献传播是社会情报与宣传作用的基本方式之一,读者正是通过文献的利用来接受社会情报与宣传。图书馆活动属于文献情报与宣传系统,其作用的客体就是读者。

2. 读者是经常利用文献的主体

文献的基本功能在于储存与传递信息,人们通过阅读文献来接受前人和他人所积累的知识。也就是说要有一个汲取并消化文献内容的过程。文献的功能必须在读者的阅读过程中才能得到充分的体现,而这一过程中的主体就是利用文献的读者。图书馆作为专门储存与提供文献的社会机构,它的读者则是利用图书馆文献的主体

3. 读者以阅读作为满足精神需求的手段

作为人们进行精神交流的阅读活动,虽然阅读者的具体目的各不相同,但都是一种有目的性的行为。各种文献可以广泛满足人们的精神需求。 个人,只有以阅读义献作为满足自身精神需求的手段时,才能成为一个读者。这是读者的内在特征之一。

4. 读者具有特殊的阅读心理活动

阅读心理只能产生于阅读活动之中,它有自己的特定内容与规律。阅读心理既受社会环境的制约,也取决于读者的修养水平,以及阅读的动机、目的和条件等。凡此种种,都对阅读活动的效果有重要的影响。阅读心理活动包括读者对需用文献的追求,阅读

过程中的探索与理解,取得收获后的满足与联想,以及由此而产生的进一步阅读或与他人交换想法的愿望等。只有读者才具有这样的阅读心理活动,它是读者的又一项内在特征。

由于人们的世界观不同,因而认识事物的立场、观点和方法等也都有很大差异。这一点在人们的阅读活动中也表现出来。即使阅读同一文献,其效果也会因此而大不相同。姑且不谈文献本身可能存在的阶级性,仅就阅读活动来看,阶级性直到今天还是一切读者的一种属性。这也是我们在认识读者的实质时必须要考虑到的。

三、读者的文献需求

任何读者都需要利用文献。我们把这种需要称为读者的文献需求。由于读者的阅读目的和阅读修养的水平各不相同,因而他们需用的都是特定的文献,即只需要适合其阅读目的与阅读修养水平的文献。又由于人们的具体阅读目的是不断发展变化的,而其阅读修养又总会有所提高,所以在长期的阅读活动中,读者对文献的需求也是不断更新或转移的,他需要随时寻求适用的文献。这就使得读者的文献需求既是各不相同的,又是随时变化的。读者为满足自身的文献需求而不时地对适用文献进行追索,这种追索以取得适用的文献为归宿。它是人们每一次阅读活动的前期准备。读者对文献的追索过程,也就是其文献需求逐步得到满足的过程。

读者的文献需求体现为若干层次,由浅入深。其表现是:①具有阅读的愿望,而对其内容缺乏明确的要求;②要读特定题材或体裁的文献;③需要掌握一批有关文献的线索;④需要取得若干已知的具体文献,从中直接选取读物。上述读者文献需求的层次并不是在一切读者身上都表现得非常清晰。相当一部分读者的文献需求,常常由于他人的推荐而直接得到满足,也就是说,可以跨越或一并完成这些层次。

相应于上述的四个层次,读者满足文献需求的过程可以分为以下四个阶段。

1. 了解文献概况

读者依既定目的寻求适用文献时,必须首先了解是否存在这些文献。这就需要从比较大的范围去探索文献,掌握有关学科或某类型文献的大致情况以及提供的可能性,使自己的文献需求进一步具体化。比如一位技术人员,只有当他知道专利和产品样本等文献的特点时,才会想到去利用它。

2. 确定阅读范围

即结合主观需求与客观文献的情况,来划定所需文献的学科归属、体裁类型、所用文别和发表年限等,并排除无关的文献,使阅读范围明确、具体。

3. 调查有关资料

在既定文献范围内,利用图书馆目录以及各种二次文献来检索有关资料。这是查找文献的基本过程。当然也不排除对少量的一次文献的接触和对三次文献的利用。其目的是了解一切有关的文献及其出处,并进行初步选择。

4. 选定具体读物

通过对已到手的原始文本或其复制件的阅览,来直接精选所需的文献,这是在仔细研读以前,对文献的最后选择。这一过程是不可少的。任何人都未必通读在检索中所初步选定的全部文献。在选定具体读物后,即可认为读者的文献需求已经得到了满足。以后当然还可能产生新的文献需求,那时将会根据需要重复这一过程。

这些阶段虽然基本上有一定的顺序,但每一阶段的完成都将使前一阶段的收获更为丰富。它们之间是互相联系的。读者就是在这一过程的不断重复中,来满足和发展自己的文献需求,并提高其阅读修养的。

四、读者类型

为深入研究读者,需要区分他们的类型,从而通过比较来更好地认识他们。区分读者类型有助于了解和掌握各个群体与个体读者阅读活动的规律,这是图书馆开展读者工作的重要依据,图书馆离开它就无从发挥其组织阅读和指导阅读的作用。然而,读者的类型区分乃是当代图书馆学研究中一个尚未充分解决的理论问题和实践问题。许多外国学者都曾为此做过巨大的努力,并取得了一些成果。我国读者的区分也仍然迫切需要进一步研究。

1.区分类型的根据是读者特征

读者的类型很多,它们体现着社会人口结构的复杂性。同一类型的读者具有共同的特征。类型分得粗,则同一类型的读者数量增多,而其共同特征就愈少。类型分得愈细,则同一类型的读者数量愈少,而其共同特征就愈多。可用于区分读者类型的特征,主要是人们在自然状态、社会状态和智力状态方面的区别。

在自然状态方面,依年龄区分,有儿童、少年、青年、成年和老年等读者;依健康情况区分,有病人、盲人、聋哑人、伤残人和智弱人等读者;还可依性别与民族等特征区分。

在社会状态方面,主要是城市读者和乡村读者,进一步细分则有工人、农民、军人、学生和干部等。倘再细分,则工人中包括产业工人、手工业工人和服务行业工人等。干部中包括党政机关各级领导干部、企事业单位的管理干部和各行业的专业干部。军人自成系统,包括广大战士、各级指挥员和后勤、政工等各类干部。在国外读者中还可能有资本家、地主、贵族、失业人员和家庭主妇等。

在智力状态方面,主要指的是读者的科学文化知识水平,可以分为初、中、高三级。初级水平指具有普通中学或不足普通中学文化的读者,他们的数量最多。中级水平指受过各种专业教育的读者,包括中专和大专。高级水平则指各部门的正副教授、高级研究员、高级工程师、经济师、记者、编审及其他具有相应水平的读者。他们的阅读修养和文献需求也都是很不相同的。

交叉应用上述各方面的特征,可以区分出来的读者类型是极其众多的。

2.选用类型区分特征的原则

在实际工作中,为区分读者类型而选用各方面特征时需要慎重研究,因为选用不当将使区分的结果混乱,达不到预期的效果。选用读者类型区分特征应遵循以下三项原则:

(一)要选取对读者及其心理的形成关系最为密切的特征,结合读者群众的整体状态,才能充分反映他们的阅读情况。比如对于一所高等院校的大学生,首先应按低年级和高年级来区分,然后才考虑其性别与专业特点。而对他们的民族差别则不必那么强调,因为这一点对他们的阅读活动关系甚小。

(二)选用的区分特征不宜过多,能足以说明问题就行。否则,过于繁琐的区分反而不利于对读者的分析。

(三)所取特征要易于判断,对较难判断的特征要订出明确的标准;否则,将影响统计分析的准确性,并降低读者类型区分的作用。

第三节　社会阅读活动

一、社会阅读活动的过程

阅读行为具有强烈的社会性。以读者的个人阅读活动为基础,形成了各个社会集团和社会阶层的阅读活动;而后者的总和又构成了一个民族、国家或地方的社会阅读活动。

世界各地社会阅读活动的发展是不平衡的。社会阅读活动要受经济、文化和政治等多方面条件的制约,其中最基本的条件就是社会人口的文化素养,这主要指的是人们的教育程度。比如在苏联,受过完全中等教育的人占全民的80%;在荷兰和意大利,从事阅读活动的人占60%;法国的现实读者为人口的42%。这都说明他们的社会阅读活动已达到了相当的规模。但同时世界上还存在着八亿左右的文盲,他们在非洲占人口的60%,在亚洲占37%,因而总的来看,亚非两大洲的社会阅读活动发展较差。我国在十二至四十四岁的人口中,文盲还占19%,这说明我国的社会阅读活动的发展还有着广阔的余地。

社会阅读活动是一种从无到有、从弱到强的发展过程,而且发展的速度愈来愈快。这一发展过程主要表现在以下四个方面。

第一,参与阅读活动的人不断增多,其发展以整个社会的全体成员为极限,最终目的是使所有的潜在读者都变为现实的读者。

第二,人们的阅读数量不断增加。这又包括两个方面,一是投入社会交流的文献数量与日俱增,因而可供人们阅读的东西愈来愈多。二是每一个读者用于阅读的时间也愈来愈多,阅读活动不仅将成为人们业务活动的必要内容,而且随着生活水平的提高,也将成为人们业余文化生活的重要内容。

第三,人们的阅读内容不断深化。这一方面由于广大读者的科学文化水平日益提高,另一方面,最新文献中所反映的学术研究与先进技术成果也日益丰富,这就使得人们的阅读内容日益高深。比较我国五十年代和八十年代的读者所能利用的文献,就可以清楚地看到这一点。社会阅读活动在这方面的发展是无限的。

第四,阅读的方式日益多样化。由于文献技术的发展,许多新型文献已逐步进入我们的生活。例如附有音响资料的图书或以录音资料为主的图书,以及能散发相应气味的图书。由于电子计算机与现代化通讯技术的结合,已使阅读活动日益和电视结合起来,因而使阅读方式空前丰富了。

上述四个方面的发展水平,体现着社会阅读活动的强度。

二、社会阅读活动的作用

为分析社会阅读活动的作用,须先掌握阅读的基本作用和阅读活动对个人的具体作用,最后才能谈到阅读活动对社会的作用。

1. 阅读的基本作用

文献中的信息包含了人类在一切方面所积累的知识,人们通过阅读可以了解前人与旁人的认识和实践成果,可以利用较短的时间掌握长期积累的科学与文化财富,而不必重复其漫长的创造过程。自阅读产生以来的几千年历史中,人类的社会精神交流活动日益强化,从而保证了人类文明能够持续地、加速度地发展。随着信息社会的发展,阅读活动迅速向深广两方面发展着,它是一种推动人类社会前进的强大力量。这就是阅读的基本作用。

2. 阅读活动对个人的作用

阅读对个人的具体作用可分为四个方面:

(一)增加知识储备。阅读文献是获取间接知识的途径,与人们在生活实践中得到的直接知识相比,这种间接知识可以说是无限的。

(二)提高思维能力。阅读作为一种积极的精神交流实践,能有效地提高人们的思维能力,并从而提高其从事创造性活动的水平。

(三)提高道德修养。阅读有助于人们深刻了解人与人、个人与社会之间的关系实质,而这正是科学地对待生活与养成高尚情操的必要基础。

(四)建立科学的世界观。人们离开阅读就不可能对客观世界及其规律性取得较为全面、系统的认识,也就无从建立科学的世界观。总之,阅读活动有助于个性的形成和发展,有助于培育一代新人。

3. 阅读活动的社会作用

从整个社会来看,阅读的作用主要有以下三点:

(一)普及科学文化知识,从而不断提高人们的文化素质。阅读是人们的终生活动,不论对儿童、少年、青年或成年人,都具有增加科学文化知识的效果。特别是在学习过程中的系统阅读和自修阅读,提高人们科学文化水平的作用更为显著。所以,加强社会阅读活动是提高人口质量的强大手段之一。

(二)推广先进技术成果,以促进社会生产水平的迅速发展。阅读文献是掌握与传播先进技术成果的基本手段。一切从事物质生产的人们,都必须通过阅读文献来推广先进技术、提高生产效率。所以,阅读活动有不断提高社会生产力的作用。

(三)提高人们的精神境界。当代各国工人运动的蓬勃发展,靠的是马列主义著作的广泛流传。革命理论的传播有赖于人们的阅读活动。此外,通过阅读可以开拓人们的思想境界,陶冶思想品德,丰富人们的精神世界,给人以文化知识和艺术享受。有益的阅读对人们所起的潜移默化的影响是不可低估的。

总之,阅读活动作为人们精神生活的基本内容和精神交流的重要渠道,其促进社会迅速发展的作用是不可代替的。它与广播和电视等群众性交流手段相比,有着独特的优越性。即广播和电视必须要求人们在同一时间内接受其作用,而且个人对其内容的选择机会有限。阅读活动则不同,它可以使每一个人都完全根据自己的意愿,在任何时间与任何地点选读任何内容的文献。阅读多是分散地、独立地进行的,有很大的灵活性。这也是它所以能发挥上述各项作用的原因。

三、阅读活动的社会条件

社会阅读活动的发展规模,在任何时代、任何地区都离不开它所处的种种条件,即必须取决于当时当地的经济、文化、技术和政治等方面的条件。

1. 经济条件

这是具有根本性质的条件。只有社会经济不断发展,人们才能有更多的时间用于阅读,发展社会阅读活动。这是世界各地的共同趋势。目前在一些经济特别发达的国家里,直接从事工农业生产的人口已大大减少,而脑力劳动者的人数已接近一半,甚至略有超过。这种前所未有的重大发展,预示着社会阅读活动即将进入一个新的阶段。

2. 文化条件

这主要指的是由教育事业的发展水平所决定的社会智力结构。普通中等教育的普及,无疑将使大量潜在读者转化为现实读者。

3. 技术条件

主要指的是文献生产技术、电子技术、通讯技术等。造纸与印刷等各项工业技术的发展,决定着文献传播的普及程度。自动化电子技术的水平,更是提高出版速度与出版物水平的重要因素。技术条件薄弱,就不能为人民及时提供高质量的读物。所以,技术条件也对社会阅读活动的状况有重大影响。

4. 政治条件

主要指社会生活中的政治形势和人们的道德风尚。社会阅读活动的正常发展有赖于健康的政治生活,这里起决定作用的是国家及其统治阶层的有关政策。例如我国在五十年代前期,阅读活动曾取得了群众性的大发展,而在五十年代后期,其发展重点则转到学术性的纵深方面。十年动乱使社会阅读活动发生了大倒退。八十年代以来,由于党和国家的一系列决策,又使社会阅读活动逐步恢复,并取得了空前的发展。近几年的"振兴中华"读书活动更标志着它已进入了一个全新的阶段。

四、阅读活动的文献保障

社会阅读活动的开展需要相应的文献保障,其原因在于文献的传播过程和读者的文献需求均有各自的特征。

抄本及其更早的手工文献,没有或只有很少的复本,所以传播面很小。印刷技术扩大了文献的传播面,它使每一种特定的文献都可以有相当数量的复本,并通过各种文献发行系统,使出版物作为商品而转移到读者手中。这样就使得一批批出版物分散沉淀在社会的各个角落,其再为社会所利用的可能性就极其有限了。这种分散与沉淀现象是文献传播过程的一个特点。

至于读者对文献的需求,通常都具有很强的特指性,即所需的必然是某些具体文献,或有关特定内容的文献。这是由人们的阅读目的决定的。但阅读目的也不是一成不变的,还要在发展中不断转化或更新。所以人们在阅读活动中所需的文献是不断变化和增加的,不仅包括现时传播中的文献,而且更多的是已经分散沉淀了的文献。因而就个人来说,及时获得最新文献已属不易,要想广泛地搜集以前的文献则更非力所能及的事。

这样,在文献的传播过程和读者的文献需求之间就产生了矛盾。为克服这一矛盾,及时而充分地满足读者的文献需求,就必须为社会阅读活动提供相应的文献保障措施。这种文献保障的主要内容是以满足社会需要为目的的文献储存、文献流通和文献报道。其规模与手段则以客观需求为根据,并有一个从小到大、从简到繁的发展过程。

在古代,手工缮写的文献以天然材料为载体,其数量有限,利用面也很小,所以只能重点地储存,例如后来发现的成批泥版书和我国殷墟发现的大批甲骨文等。其储存机构多为官府或寺院,因为只有他们是利用文献的。

后来发明了造纸和雕版印刷技术,使文献的数量大增,社会阅读活动得以推广,因而出现了分散的文献储存和局部的文献利用。这时的文献储存机构是藏书楼。除各种社会机构设置的藏书楼以外,还出现了私人藏书楼,其规模也不断扩大。它们基本上满足了当时社会上的文献储存与利用的需求,起到了文献保障作用。

随着工业社会的形成与发展,机械印刷手段使文献更广泛地得到流传,社会阅读活动大大加强,这时的文献储存机构发展为图书馆。它以文献的公共使用为基本特征,成为主动流通文献的社会机构。图书馆是适应社会阅读活动的需要而产生的,它是近代和当代社会文献保障的基本形式。

图书馆为了使所藏文献被社会广泛利用,其藏书的储存出现联合起来的趋势。近年来出现的各种图书馆协作机构、网络化的图书馆体系和储备图书馆系统等,都是以文献资源的共享为目标,这些都是这一趋势的明显标志。随着各种现代化手段的应用,社会阅读活动必将进一步加强,对它的文献保障也将进一步系统化。

第四节 图书馆读者

一、什么是图书馆读者

凡利用图书馆所提供的条件进行阅读的人即为图书馆读者。所谓图书馆条件,包括藏书、环境、设备等。借阅图书馆藏书的人和利用图书馆的环境来阅读自备图书的人,利用图书馆的参考咨询或文献复制等服务项目的人,均应视为图书馆读者。其中有相当一部分人可能不只利用一个图书馆。如教师与学生、工人与技术人员等,往往既是本校或本厂图书馆的读者,同时又是各级公共图书馆的读者。图书馆读者是社会阅读活动中最为活跃的部分。

凡不利用图书馆条件的人都是图书馆的潜在读者。其中包括暂时还不具备阅读能力的人,和虽有阅读能力但缺乏阅读愿望的人。由于图书馆活动的覆盖面不足,也使得一部分既有愿望又有能力的人成为潜在的读者。还有些人从事着积极的阅读活动,但仅满足于利用自己和他人的私人藏书,他们对于图书馆来说也是潜在的读者。另一些人虽曾一度利用过图书馆,但随即中断了这种活动,则还可以从图书馆的现实读者转化为潜在读者。从读者的客观需要和图书馆的任务来看,应力争使更多的潜在读者转化为图书馆的现实读者。

图书馆读者的类型结构十分复杂,但他们仍具有两项共同特点,即:

1. 读者都是图书馆的服务对象

图书馆作为社会文献交流的必要环节,其收集、管理、供应和宣传文献的全部业务活动,都以组织和指导读者的阅读活动为目的。作为一种社会文化机构,图书馆的各项功能都体现在读者阅读活动的效益上。所以读者是接受图书馆作用的对象。

读者在利用图书馆的过程中,时刻都在接受图书馆的影响,有时是自觉的,也有时是不自觉的。但从图书馆方面来说,则全部读者工作都是按既定目的而有计划地安排和进行的。图书馆的使命只有通过对读者的直接作用才能最后完成。

2. 读者都以利用图书馆为目的

图书馆的藏书、各种服务设施以及全部业务活动都是为读者准备的,其内容与规模均须以读者的需求为根据。从这个意义上来讲,只有读者才是图书馆真正的主人。

读者在利用图书馆的过程中,一般都具有强烈的自主性,这是他们的共同特点。任何读者利用图书馆都有一定的主动性,多数都是抱有一定目的、自觉自愿地来寻求阅读条件的。所以在图书馆工作中必须充分尊重读者的自主性。图书馆读者的自主性也说明他们是利用图书馆的主体。

二、图书馆读者群

图书馆的读者各不相同,各有自己的特征与个性。这些特征和个性形成于读者的社会经历与生活地位,也受阅读动机和阅读修养等影响,而表现于他们的阅读目的、文献需求和心理习性等各个方面。根据某些特征与特性而区分出来的同类型读者,即构成了特定的读者群。

读者群的划分可粗可细。区分到何种程度,要视实际工作的需要而定。

读者群之间的关系可以是互相包含的,如大学生读者群包含于青年读者群之中。也可以是相互不包含的,如男青年读者群与女青年读者群。而更多的则是相互交叉的读者群,即它们之间的关系是相互局部包含的。如在科研读者群中,既有青年人、成年人,也有老年人;他们同时还属于各自按年龄划分的读者群。

图书馆的读者群都有以下的特性:

第一,他们是一种松散的群体。虽然每一个读者群中的人们都有许多共同的特点,但彼此之间并没有固定的关系和经常的联系,也不形成组织。

第二,同一读者群的人有相互影响的作用。他们在图书馆里有许多共同活动的场合,如利用同一个阅览室、借书台或参加内容大体相同的集会等。由于他们有共同的特点,所以很容易形成共同的情绪、需求、观点和态度等。他们在这一过程中相互感染,能产生舆论,并形成集体对个人的影响作用。这种舆论的作用如得以发挥,可能是相当强大的。图书馆应充分利用读者群的这一特性,发展健康的情绪和需求,树立正确的态度,从而发挥宣传图书与指导阅读的最大效益。

第三,每一读者群的人数都是动态的。因为读者都在发展变化,其所属读者群也不是长期固定的,每个读者群的规模也都不时有所消长。许多潜在的读者转化为现实的读者,将扩大各个读者群的人数。部分读者随时可能转入另外的读者群,使其人数发生变化。目前我国各个读者群的人数都在增加,这是一个总的趋势。

第四,读者群的成分是不断更新的。少年儿童读者群的更新最快,学校图书馆的读者群有周期性的更新,公共图书馆固然有少量较为固定的读者,而其大部分的不断更换也是很明显的。基层单位所设的图书馆,读者群最少变化,然而也还是有所更新的,不过较慢而已。图书馆的阅读指导工作也必须适应读者群的这一特点。

第五,读者群的阅读水平是不断提高的。随着社会教育与科学文化事业的发展,各类型读者的水平均逐年有所提高,例如我国八十年代的工人读者群,其所需读物远非五十年代所能比拟。至于成倍增长的科研读者,其阅读水平提高更快。这也是图书馆读者群的一条发展规律。

研究读者群的活动及其规律,是开展图书馆读者工作的必要基础。

三、图书馆读者队伍

图书馆的读者队伍,指的是共同利用特定图书馆的人群。每一个图书馆都拥有若干读者,其总和就是该馆的读者队伍。图书馆的读者队伍实际上是扩大了的读者群,所以也具有读者群的种种特性。许多读者往往不只利用一个图书馆,因而同一地区内各图书馆之间的读者队伍常是相互包含的。

每一个图书馆的读者队伍都具有如下的特点:

1. 图书馆读者队伍是有范围的

因为图书馆是一种实体,而只有利用其条件的人才可以成为其读者,所以读者队伍的范围不能不受图书馆的空间、距离等条件的限制。

各机构或团体所设置的基层图书馆,其读者队伍即由本机关的成员所构成。公共图书馆的读者队伍,也是有范围的,主要是所在地区的读者。根据调查材料,一个大型公共图书馆的读者中,有一半人的居住地点或工作地点是距该馆在2.5公里之内的,而超过五公里以外的读者数量就较少了。

至于通过邮寄或其它手段来利用中心图书馆藏书的远距离读者,则不仅数量较少,而且都是在当地图书馆的藏书不能满足需求的时候,才去向远处较大的图书馆借阅文献,因而也可以说是有范围的。

2. 图书馆读者队伍是多类型的

任何图书馆的读者队伍都不会是单一的,必然包含不同类型的读者群。即以读者队伍较为单纯的科研机构图书馆为例,其读者除各种水平的研究人员外,必然还包括管理干部、后勤等其他人员。部队中的基层连队图书馆,也还可以把自己的读者依岗位的不同或文化水平的高低划分为若干读者群。公共图书馆读者队伍的结构则更为复杂。读者群是图书馆读者队伍的构成单位。认识这一点是贯彻图书馆读者工作中区别对待原则的前提。

3. 图书馆的读者队伍中是有重点的

每个图书馆在它的读者队伍中都有重点与一般的区别。这是有计划地开展读者工作的依据。读者队伍中的重点可能随社会形势的需要或图书馆任务的变化而有所变化,但通常确定其重点的主要根据是:

(一)人数众多。指在读者队伍中占较大比例的读者群,如高校图书馆的学生读者、公共馆的青年读者等就是。各馆必须着重做好对这些读者群的工作。

(二)意义重大。指人数虽较少但特别重要的读者群,如企业图书馆的高级技术人员和公共图书馆的党政机关读者等。对于重点读者的确定,许多图书馆都有一些规定。

（三）工作量重。有些单位或个人承担着紧迫的社会任务，为他们服务的项目虽然不多，但对其中的每一项都需图书馆付出大量的人力。他们也是读者队伍中的重点。

四、各类型图书馆的读者

各类型图书馆的读者队伍有很大差异，它们的读者群及其比例各不相同，水平与要求也不一样。下面将图书馆概括为群众图书馆与科学图书馆两大类型，并分别论述它们的读者类型。

1. **群众图书馆的读者**

群众图书馆主要包括：①县、区级公共图书馆和街道、村镇的地方性基层图书馆；②各行业工会系统举办的图书馆；③武装部队的连队图书馆；④各中、小学附设的图书馆；⑤独立或附属的少年儿童图书馆。城镇和乡村中的居民、工农兵群众以及青少年、儿童是它们的读者。

这些图书馆的读者数量很多，但绝大部分的文化程度不高，不具备充分的系统自修能力。他们的阅读主要是作为一种文化生活，基本上以学习或享受为目的。他们最需要的文献是科学普及读物、各种文艺作品、政治教育资料以及学习参考书和工具书等。但就每一个读者来看，其所需文献的范围较窄，数量也不很多。其中有部分青年和成年读者，为钻研业务而寻求图书时，还需利用其它的专业图书馆。

2. **科学图书馆的读者**

我国的科学图书馆主要包括：①各级研究机构的专门图书馆；②民用和军用各产业部门的技术图书馆；③各高等学校和中等专业学校所设的图书馆；④各级情报机构的图书馆。

这些图书馆的读者大多具有较高的文化水平和阅读修养，一般都是某学科的研究人员、某行业的技术人员、各专业学科教师和经济管理人员等。其阅读目的主要是为了研究与应用，所以需用文献的范围较宽,数量也较大,包括各种外文书刊以及专利、标准等特殊类型资料。常需利用相邻专业的图书馆是他们的一个特点。文献检索是他们进行专业阅读的必要前期活动,所以这些图书馆的有关文献检索工具都比较完备。我国这类读者的数量在不断增长,水平也不断提高,他们已不满足于一般的图书流通,而需要较高水平的情报服务。

各生产企业的技术图书馆多隶属于技术行政部门,其读者原来只限于本单位的技术人员。但随着业余教育事业的发展,不少专业业余院校毕业的工人也逐渐成了技术图书馆的读者。这一趋势还在不断加强。

高等院校的学生是其所设图书馆中的最大读者群。他们都已经具有明确的专业目标,利用图书馆的藏书进行学习是他们的基本生活内容之一。在他们的阅读活动中,研究的性质不断加强,年级越高这一点就越加明显。特别是队伍日益扩大的研究生,他们已经跨入了研究人员的队伍,需要高水平的图书馆情报服务。

3.大、中型公共图书馆的读者

我国大、中型公共图书馆数量不多,目前省、市以上的公共图书馆只有二百多个。这些图书馆都是当地图书馆事业的中心机构,少数大型公共图书馆的作用范围还超出了所属的省、市。

大、中型公共图书馆的地位与任务,决定了它们的读者队伍包含三种成分:

(一)作为当地最大的公共图书馆,要为所在城市的广大群众服务。从这点看来,其读者队伍的构成与群众图书馆没有太大的区别,甚至也包括少年儿童读者。

(二)各大、中型公共图书馆又都是综合性的科学图书馆,所以其读者队伍也包括各个学科的专业研究人员与技术人员。为当地党政领导机关服务也是这些图书馆的重要任务之一。

(三)大、中型公共图书馆的读者队伍中还有相当一部分来自外地。这主要是从事科学与技术研究的人员,他们都是在当地文献资源不足的情况下来求助的。为此有些读者自己跑来查阅,短期停留,不构成经常性的读者。另一些则可能在当地通过馆际借书或文献复制等途径来利用大馆的文献。这些读者也是大、中型公共图书馆读者队伍中不可忽视的一部分。

参考文献

1. 列宁的读者研究思想 《图书馆学研究》 1983 年第 3 期 86－88 页

2. 文献交流系统 周文骏著 《文献交流引论(初稿)》一书的第三部分第四章至第七章 1982 年 北京大学图书馆学系油印本 33－94 页

3. 服务对象的分析研究 张树华 张嘉澍编著 《图书馆读者工作》一书的第二章第一节 1981 年 吉林省图书馆学会出版 17－25 页

4. 读者研究 张德芳编著 《读者工作概况》一书的第二章 1983 年四川省中心图书馆委员会出版 15－31 页

5. 读者心理初探 洪彩焕 《贵州图书馆》 1980 年 第 2－4 期连载

6. 苏联的阅读社会学研究 赵世良 余薛生合译 《贵图学刊》 1983 年第 4 期 73－74 页

第三章　阅读指导

图书馆作为社会阅读活动的组织者,指导读者阅读是它的重要任务之一。

阅读是社会精神生活的重要组成部分。它反映着社会生活的各个方面和不同历史阶段的时代特点。社会阅读活动的健康发展,需要科学地加以指导。图书馆就是指导群众阅读的强大基地。

阅读指导活动是图书馆读者工作的基本内容之一,它贯穿于情报服务、图书流通和各项宣传活动之中。

第一节　阅读指导的原理

一、阅读指导是一种教育活动

阅读指导是对人们的阅读目的、内容与方法给予积极影响的教育活动,其任务在于提高读者掌握与运用文献的能力,从而加强阅读效益。以图书馆工作人员的努力,利用特定的条件与手段来提高读者阅读修养的过程,就是图书馆的阅读指导。

图书馆对人民群众的阅读指导是一个积极的教育过程,它对培养全面发展的人才具有非常重要的意义。

阅读指导的目的是提高读者的阅读修养。由于人们的阅读需求不断发展变化,而文献类型与品种又都在急剧增长,所以人们在阅读需求和阅读修养方面经常存在着矛盾。读者需要不断提高自身的阅读修养以适应新的阅读需求。读者的这种愿望是解决这一矛盾的内因,而阅读指导则是解决这一矛盾的外因。它通过启发读者的自觉努力来发挥作用,这就是需要并可能进行阅读指导的客观根据。

总之,阅读指导是一种生动活泼的教育活动,是发展人们之间的精神交流,特别是文献交流活动的必要条件。

二、指导阅读的社会系统

人们的阅读指导活动由来已久,几乎是随着文献与阅读同时产生的。即使是最早期的文献,为了储存和传递信息,也必须在著者与读者之间形成某些共同掌握的著录与识别规律。人们相互传授这些规律的过程也就是早期的阅读指导活动。后来的校勘学与版本学,就是为指导抄本与雕版文献的阅读而产生的。两千多年来的书目活动与目录学的发展,更是阅读指导活动长期积累的成果。

由于各类型文献的大量涌现,社会阅读活动急剧强化,因之现代社会出现了庞大的阅读指导系统。阅读教育是各级、各类学校传授知识与技能的必要内容与手段。图书与报刊等一切文献的编辑、出版和发行部门,也都在自身的业务活动中贯穿着指导阅读的精神。种种学术团体、科普机构以及社会群众组织,同样对自己影响所及的社会成员进行着阅读指导。无产阶级政党和社会主义国家,无不以指导社会阅读作为强大的宣传教育手段之一,并为此设有专管或兼管的机构。许多国家成立了规模不同的图书爱好者协会等,为读者之间相互交流阅读心得,进行阅读指导创造了条件。在我国,各个革命时期的读书会活动都起了巨大的作用。今天党所领导的群众性"振兴中华"读书活动,以推荐书目、系统讲座和竞赛、评比等措施,对社会阅读活动进行着广泛、深刻的指导。

可以看出,上述种种活动从各自不同的方面构成了一个全社会的庞大阅读指导系统,其作用是客观的、强大的。由各类型图书馆组成的当代图书馆事业,是社会阅读系统中的不可缺少的环节,是一个重要的子系统。

图书馆活动对社会阅读指导的特殊作用是由多方面条件形成的。首先,图书馆藏书是人们所用文献的主要来源。各图书馆的藏书正在逐步形成完整的体系,可供应的文献数量也越来越多。其次,图书馆的数量日增,网络化的发展将使图书馆为全民所利用,其影响将越来越广泛。再者,图书馆的利用没有年龄的限制,它贯穿着人们的整个一生。最后,主要的是图书馆有各项专门的业务活动,指导读者群众的阅读是它们的基本职能之一。所以,图书馆是指导群众阅读的强大基地,其作用是其他机构不能代替的。

从图书馆内部来看,其自身又构成了一个以供应图书和指导阅读为目的的动态系统。图书馆的各种服务设施和读者工作方式都以指导读者的阅读活动为主要内容。而藏书的选配、组织和检索手段的编制等也都以此为目的,是为指导阅读创造条件的。其各个环节都分别与社会阅读指导系统的相应部分紧密地联系着,从而延伸了它们的作用。这也说明,在指导阅读的社会系统中,各个子系统之间是相互联系、相互促进的。

三、阅读指导的原则

按照指导阅读的要求与规律,在指导阅读过程中所必须遵循的准绳就是阅读指导的原则。图书馆阅读指导的原则产生于图书馆的任务和人们传递知识与信息的规律,特别是文献交流过程的规律和直接利用文献的规律。它应以社会学、教育学和心理学中的有关理论为根据,并以马列主义哲学原理为指针。只有切实遵循这些原则,才能使图书馆的阅读指导活动取得预期的成果与效益。阅读指导的主要原则是科学性原则、主动性原则和针对性原则。

1.科学性原则

图书馆阅读指导作为一种对广大读者的教育活动,必须以当代科学的最新成就为基础。人类认识与改造自然和社会的能力日新月异,科学水平不断提高,对读者及其阅读规律的研究也在逐步深入。阅读指导活动应充分利用这些成果,保持与当代科学发展相应的水平。阅读指导的科学性原则主要体现在三个方面:

(一)在阅读内容的指导方面:要求宣传和推荐代表当代科学与技术水平的优秀图书,掌握相应学科或特定范围内的主要著作与最新文献,从而使读者以最少的时间和精力获取到最系统、最先进的知识。此外,还要以发展的观点介绍历代的经典著作和有关科学史与艺术史方面的文献。同时要帮助读者提高对陈旧的、低劣的和有害读物的识别能力。

(二)在阅读方法的指导方面:要根据各类型读者的动机、兴趣、目的与需求等心理特点,根据认识过程不断向深广发展的规律,循序渐进地使读者掌握科学的阅读方法。不经过深思熟虑就随便地向读者提出阅读方法的建议是有害的,必须避免。要使读者通过实践学会科学地运用朗读与默读、浏览与精读、速读与背诵等各种阅读方式,以及笔记和心得等资料的记录与运用方法。

(三)在阅读指导的思想性方面:我们所说的思想性是以科学的共产主义世界观为基础的,它要求以无产阶级的立场、用辩证唯物主义和历史唯物主义的观点来指导阅读。我们认为思想性原则是从属于科学性原则的,两者是一致的。思想性是社会主义图书馆指导阅读工作的突出特点。

2.主动性原则

读者接受图书馆的阅读指导是一个充实与提高的过程,图书馆工作人员应主动了解其需求,并予以相应指导。阅读指导的主动性日益加强,是当代图书馆读者工作的一个显著特点。

指导阅读并不是一个单纯的传授与灌输过程,而必须注意启发与引导,这就需要图书馆主动地进行教育。此外,对读者的主观愿望也不能无选择地全部满足,而必须根据图书馆的任务和社会进步的客观需求,使不恰当的愿望有所转化。凡此种种,都要求阅读指导必须贯彻主动性原则。

3.针对性原则

由于读者数量庞大,类型结构复杂,千篇一律的指导难以取得切实的效果,因而必须在研究和区分读者的基础上,针对不同读者的特点来进行阅读指导,以加强针对性,克服盲目性。区分读者不仅要根据他们在自然状况和社会状况方面的共性特征,而且要考虑他们的心理状态,即精神气质、情绪变化、思维规律和知识结构等个性特征。针对读者的阅读兴趣和文献需求等具体条件来选定指导其阅读的特定内容和方法,就是针对性原则的要求。

四、阅读指导的功能

图书馆的阅读指导活动,是图书馆教育职能的一种体现。它以传播文献知识与阅读方法作用于社会各阶层成员,所以起着社会教育的功能;又因它作用于人们的整个一生,所以又具有终身教育的功能。

从这种教育活动的结果来看,阅读指导的功能可以分为直接的和间接的。直接功能是指对于人们阅读活动的直接指导,它起着提高群众的阅读修养与阅读效益的作用,这是指导阅读的基本功能。间接功能体现于指导结果对社会和个人所起的作用。

阅读指导的教育功能,可以从基本功能、对社会的功能和对个人的功能三个方面来分析。

1.基本功能

阅读指导的基本功能在于保证社会文献交流向广度和深度发

展。这是对社会阅读活动的一种积极控制和管理,其任务是提高人们的阅读修养,帮助读者树立正确的阅读观点,推广科学的阅读方法,从而扩大阅读效益、促进社会精神交流。

2．社会功能

图书馆阅读指导的社会功能主要在于提高人口的文化素质,它体现为以下三项密切相关的教育功能。

(一)思想教育功能。有指导地阅读具有高度科学水平和艺术水平的图书报刊和历代优秀著作,可以帮助读者树立正确世界观和高尚的道德情操。社会成员的精神境界是人口素质的标志之一。

(二)文化教育功能。阅读作为汲取间接知识的手段,是人们普遍应用的。强有力的阅读指导对丰富和发展社会成员的知识储备与知识结构的作用是巨大的,对于提高民族的文化素质有重要的功能。

(三)能力教育功能。阅读作为一种思维活动的实践,能有效地发展读者的思维能力,而这是一切创造性活动所不可缺少的。阅读指导是培养人们的思维能力的重要途径之一。

3．个人功能

阅读指导的个人功能是其社会功能的具体表现和形成依据,两者大体上是一致的。从每一个读者的角度来看,图书馆的阅读指导还有以下五项功能。

(一)充实精神生活。人们通过有指导的阅读来汲取古往今来所创造和积累的精神财富,是个人成长的必要条件。阅读能力很差或不从事阅读的人,基本靠口头语言和声像手段来与他人交流,其精神生活必然受到极大的局限。在当代社会,只有坚持系统阅读的人,才能获得充实的精神生活。

(二)树立高尚情操。一个人的情操是以他对自然、社会和个人使命的认识为基础的,而有指导的阅读则是对主、客观取得科学认识的途径之一,它有助于人们借鉴前人的生活经验与教训,从而培养高尚的情操。虽然阅读并非树立高尚情操的唯一办法,但它在这方面的潜移默化作用却是十分强大的。

(三)改善思想方法。阅读图书是接受其作者思想的过程,众多作者的思想方法必然对读者产生积极的影响,能使他择善而从。有指导的阅读活动能使读者尽快取得科学的思想方法。

(四)获取专业知识。人们必须取得某项专业知识和技能,并且要不断地充实和更新。这基本上要靠自修,而有指导的阅读活动则是自修专业知识的必经之路。它能帮助人们迅速而系统地获取专业知识。

(五)扩大文献利用。阅读指导对任何个人的直接功能都在于扩大他对文献的高效率利用,包括利用文献的品种和类型范围。也就是说,人们在提高阅读修养的过程中,所用文献总在不断增加,这是形成与发展上述各项功能的必要条件。以这一点为基础,整个社会对文献的利用才会日益发展。

第二节　阅读指导的内容

阅读指导的内容包括:提高阅读认识、扩大文献视野、普及检索方法、培养阅读技巧和提倡系统阅读。这五项内容是紧密联系着的,并有着一定的层次性。在实践中,对这五项内容可根据图书馆面临的任务和读者的具体需要而有所侧重。

一、提高阅读认识

阅读是人们有目的性的行为,是一种自觉的活动,因而必须以人们对它的认识为思想基础。主观上对阅读的认识如何,是每一个人得以提高阅读修养的内因。一切外来的阅读指导活动都必须通过它才能产生预期的效果,所以提高对阅读的认识是指导阅读的首要内容。

人们对阅读的认识各不相同,有高有低,差异很大,有的人可能几乎没有什么认识。有的人即使对阅读有相当的认识,也仍然需要在深度和广度上不断发展他们的这一认识。要结合读者的实际需要与思想状况,使他们了解阅读活动这一精神交流渠道的重大意义、作用,及其对个人与社会的功能。

提高读者的阅读认识可以从三个方面入手。一是有关理论方面的宣传教育,即在宏观上说明阅读在社会生活和个人实践中的历史与现实地位,使人们认识到从事积极的阅读活动是做一个文明的劳动者所必备的条件。二是宣传古往今来人们从事阅读的丰硕成果,以种种事实来说明阅读活动的必要性与可能性,使人们建立和提高对这方面的感性认识,从而加强其信心与自觉性。三是有意识地发掘和总结读者个人的切身经验,使他们结合自己的生活实践来直接认识阅读活动的意义与作用。这一点对于初步从事阅读的人尤其重要。在对具体读者的阅读指导活动中,则需根据实际情况针对读者的薄弱环节,从上述三者中选出重点,以使他们对阅读的认识得到迅速的提高。

二、扩大文献视野

在对阅读有了一定认识的基础上,人们产生了阅读的愿望,这时的阅读指导内容主要是扩大他们的文献视野,帮助他们了解有关文献的概况及其选用的可能性。这也是图书馆读者工作中需要主动开展的一项业务。了解文献的范围须略大于读者的直接文献需求,以期不致忽略了具有重大价值的文献;但也不宜过宽,因为这将分散读者的注意力,会影响选用文献的效果。

多数读者在着手寻求适用文献时,往往对有关资料缺乏足够了解,他们迫切需要图书馆的帮助,以扩大文献视野。这一工作还需有适当的深度,它对巩固和发展读者的阅读兴趣,并提高其阅读效益,都有重大意义。扩大读者文献视野的工作通常包括以下四个方面。

第一,对于若干最重要的基本著作,除需了解其内容重点与读者对象外,主要是掌握它们的阅读价值以及在同类资料中所占的地位,还包括作者的简况以及有关专家们的评论。目的是使读者能在比较中来加深对它们的认识。

第二,对于专门题材或特定体裁的文献,如关于某类科技图书或诗歌、戏曲等文艺作品,则需介绍其整体情况与主要著作,包括介绍过去的发展历史、当前的动态与新著,以及未来的趋势等。这样才便于读者主动地选用。

第三,对于种种特殊类型的文献,如专利、标准、样本乃至缩微和声像资料等,就需要使读者掌握它们产生的条件,当前的规模及主要内容,使用特点和人们对它们的利用情况等。这是读者在选用时应该掌握的。

第四,对于特定国家或文种的出版物,则需使读者了解它们的历史发展、整体规模、类型结构、主要成就、学术地位及其薄弱环节等,从而做到心中有数。

三、普及检索方法

使读者掌握文献检索的方法是提高其阅读修养的必要内容。能否运用文献检索的方法,标志着一个读者的水平和程度。所以普及检索方法是图书馆阅读指导的重要任务之一。

要想学会文献检索的方法必须通过实践的锻炼。因为文献检索不仅是知识,而且是一种技能,所以为读者的文献检索活动创造方便的条件,是普及检索方法的最有效途径。对读者普及检索方法的活动包括:

第一,系统地宣传文献学知识和文献检索理论,这是读者掌握文献检索方法的基础,也是他们通过自学来主动提高检索能力的必要条件。在这方面要注意的,一是深浅程度应该适应读者的水平与需求,二是要根据读者特定的阅读需求普及检索方法,其范围不必过于广泛,只要与他们文献需求的口径相适应即可。

第二,介绍具体的文献检索工具,即各种书目、题录、文摘或提要等的使用方法,使读者了解它们的编制特点、收录范围和发展沿革等。这里的重点是使读者掌握文献检索工具的编排结构,包括主体的排检原则,文字说明的作用,辅助索引的用法,以及各种附录资料之间的关系等。

第三,宣传图书馆的书目设备及其体系,这包括各种图书馆目录和馆藏的其它文献检索工具。要使读者对它们有整体的概念,并了解各种图书馆目录的组织方法和查找方法。只有这样才可以使读者主动地充分地利用。

第四,普及以电子计算机为基础的自动化文献检索方法。这方面目前在国外已达到相当的规模,并以文献资源的共享为目标。在我国有些图书馆已开始试验用电子计算机进行文献检索。我们应使读者对此有较为充分的认识。

四、掌握阅读技巧

阅读技巧是决定阅读活动本身效果如何的关键,须靠读者在实践中的自觉努力来养成。其核心是对于各种阅读方式与方法的运用,图书馆的任务即在于推广科学的阅读方法,通过指导使读者提高阅读技能,并能够熟练地灵活运用它们。

1. 朗读与背诵

其特点是口耳并用的有声活动。朗读适用于篇幅短小、风格优美或内容生疏的文章,有助于充分欣赏读物或强记其内容。背诵是一种变相的阅读,即通过反复朗读而默记文献的全部词句之后,再准确地口述出来的一种练习,这是逐步达到完整而又准确地理解重要文献的方法。

2. 浏览与速读

通常都表现为无声的默读。浏览的特点是仅注意文献的段落结构和主要内容,借以了解某一文献的大致内容和科学价值。这是迅速地直接选择适用文献的基本手段。浏览的范围通常较广,目的是了解有关的文献。速读的对象则是已初步选出的资料,故涉及面较窄,主要是为了对文献进行精选。

3. 精读

对象是最后选定的适用文献,所以必须深入而又系统地理解与掌握其全部内容。精读的形式通常都是默读,并伴随着反复的思考。精读的要求是结合读者的固有知识,在理解的基础上分析文献的内容,选取有价值的信息,并对它们做出自己的评价。

4. 心得笔记

阅读的收获不断积累,其数量日增,任何人也没有力量把它们全部记在头脑中,因而需要做出简要的书面记载,以供日后随时调用。记录内容包括文献中的论点和论据,读者个人所受到的启发,以及对文献的补充和批评等。有人惯用笔记本来记录自己的阅读收获,但用卡片的方式却更为灵活,便于重新组织与编排,是值得推广的。

5. 时间与精力的运用

这两者都是阅读的必要条件,合理运用时间与精力,可使阅读取得较高效益。只有通过适当的休息与调节,人们才能保持充分的精力。一个人的精力状态在时间上是有规律可循的,通常是早晨与上午长于记忆,午后善于综合思考,而晚间则思路比较活跃,汲取新鲜信息的能力最强。使读者自觉运用这些规律也是培养阅读技巧的内容。

五、提倡系统阅读

阅读的作用不仅在于获取信息,同时还要积累知识,而积累知识需要有目的、有计划地进行。所以阅读一定要具有系统性,这是在图书馆阅读指导中必须提倡的。

系统阅读就是要根据既定的目标,依适当顺序选读相应文献,从而建立预期的知识结构或调整、补充原有的知识体系。阅读的内容取决于个人的具体目标,但必须由浅入深地循序渐进。对于不同学科的文献,在阅读时也要根据实际需要建立一定的顺序,只有这样才能建立起合理的知识体系。知识体系要求博与专的巧妙结合,博是专的基础。失去博,则专的深度必然受到局限。所谓博,也要根据专的需要而有一定的范围。这种有主有从的知识体系只有通过系统阅读才能达到。

提倡系统阅读的基本方法是指导读者制定个人的读书计划。读书计划的基本内容是应读文献的目录,要列出先后次序,并安排好阅读的时间进度。应读文献可分为主要读物和参考读物,前者通常在数量上少于后者,但要求要仔细地研读。较为正规的读书计划中,还应简要列出阅读的目的,以便日后进行检查和总结。在读者按计划进行阅读的过程中,图书馆还应帮助他们根据实际情况及时调整与修订计划,从而使它更为完善。而在一项计划完成后,则要由图书馆在总结前段的基础上帮助读者制定新的计划。为指导多数读者订好阅读计划,图书馆可按各种专题为不同类型的读者编制出一批标准的读书计划供他们参考。读者利用这种标准的读者计划时,应根据不同情况适当增删,从而形成个人的计划。有些读者能够自行制定读书计划,图书馆也应主动了解他们的计划和执行情况,并及时予以必要的指导。

在通过阅读计划指导读者进行系统阅读的过程中,图书馆还要注意总结和宣传读者们创造的新鲜经验,并组织他们进行交流,这样能扩大系统阅读的效果。

第三节　图书馆宣传

当代图书馆作为一种社会文化设施,承担着重要的宣传任务。它是整个社会宣传系统的一个组成部分。

图书馆宣传是阅读指导的基本手段。在全部的图书流通和情报服务过程中,都贯穿着图书馆宣传,离开它就无从实现图书馆对读者的阅读指导。这一节中将分析图书馆宣传的实质、内容和类型区分;至于具体的方式与方法,则将在下一节中来分别论述。

一、图书馆宣传的特点

宣传是以特定的信息、知识、观点或思想向他人进行解释与推广的活动。宣传的对象可以是个人或特定的人群,也可以面对整个社会。就宣传者来说,它是一种主动性活动,其作用在于以简便而又迅速的方式引导人们去了解和认识某些事物,使人们依宣传者的愿望而树立特定的信念,并用于指导自身的行动。因此,宣传是一种强大的社会教育武器,历来受到极大的重视,具有控制或促进社会发展的力量。在社会主义制度下,宣传具有强烈的政治性。马列主义学说和其它科学文化知识的宣传,对精神文明与物质文明的建设具有强大的推动作用。

图书馆的宣传活动以广大读者为对象,目的是加深他们对各种文献的认识,从而实现对阅读活动的指导。图书馆宣传已有相当长的历史,逐步形成了一个包含多种内容与形式的系统。除直接从事宣传活动的部门和人员外,图书馆建设藏书和编制目录等全部业务过程均应视为对宣传的准备工作。在这一基础上,图书馆的宣传工作具有以下四种特点:

1. 时代性特点

图书馆宣传工作必须根据时代的要求,及时宣传政治、经济、文化等方面的信息。它反映着社会各阶层的需求,同时又要与社会前进的步伐合拍。三十多年来,我国图书馆宣传活动的重点随着党和国家在各个时期的中心工作而转移,今天则走上为经济建设和文化建设而宣传的道路。

2. 灵活性特点

图书馆宣传的形式是多种多样的,必须根据宣传的内容来选用或转换,这就是灵活性。在宣传中需注意多种形式的相互配合。例如在当前的"振兴中华"读书活动中,既刊登推荐书目推荐图书,又组织了大规模的报告活动辅导阅读,还发动群众撰写读书心得,表扬读者积极分子等。多种形式的灵活运用是图书馆宣传的一个特点。

3. 直感性特点

人们对于听到和看到的东西,能记住的要比读到的多一至二倍,所以图书馆宣传中要充分运用声音与形象等直感手段。各种图书展览和报告会等,历来是较受欢迎的形式。近年来,开始利用幻灯和录像等声像资料进行图书馆宣传,其作用无疑将更为显著。图表、照片和宣传画等传统的直感宣传手段,也应广泛应用。

4. 系统性特点

图书馆宣传要有计划地持续进行,才能充分发挥其作用。图书馆各种宣传措施应系统化,并相互配合与促进,使宣传工作的质量与效果不断得到提高。很多图书馆都配有专职或兼职的宣传工作人员,这是对系统性的有力保证。

二、图书馆宣传的内容构成

图书馆宣传的内容一是围绕着文献与阅读这两个主题。二是图书馆自身的业务宣传,目的是为了使读者更好地了解与利用图书馆。三是配合其它机构进行一般的社会宣传。

1. 关于文献的宣传

这是图书馆宣传的主要内容。图书馆应根据自己的任务和读者的需求经常宣传馆藏文献。宣传文献时必须进行精选,因为被宣传的只能是藏书的一小部分,即古今中外最优秀或最有实用价值的图书。除宣传它们的科学文化价值与内容外,还要宣传它们的利用方法。特别是对于各种工具书和文献检索工具,更要着重宣传它们的用途和排检规律。在经典理论著作、优秀文艺作品和专题学术文献的宣传中,要注意有关资料的相互配合,即在宣传特定图书时,必须利用与其相关的其它文献。

2. 关于阅读的宣传

图书馆在这方面的宣传历史较短,但发展甚快,已受到普遍的重视。它包括宣传阅读的意义、方式、技巧和方法等,其目的在于提高人们对阅读的认识,启发他们自觉地、主动地学习、并掌握阅读的技能与规律。所以除宣传前人关于治学方法和文献利用等方面的著作外,还必须经常总结与传播读者群众中的新鲜经验,以提高阅读效果。

3. 关于图书馆业务的宣传

这是要由图书馆单独承担的任务,即关于自身活动的宣传。内容主要是宣传图书馆的藏书结构与特色、服务项目与设施布局、目录的体系与利用、群众活动的选题与日程等,以使读者掌握图书馆服务的全部内容,并充分加以利用。此外还可以宣传本图书馆的历史沿革、发展动态,以及相应地区和其他系统的图书情报机构的基本情况等,以期发挥整个图书馆事业及其网络的功能。

4. 关于社会政治宣传

图书馆还必须利用自身的条件参与一般的社会政治宣传,其内容包括宣传政府的各项方针政策、国内外时事、经济建设成就、科学技术进展与文化艺术成就等。配合重大节日和纪念日的宣传活动也属此列。图书馆作为一般社会政治宣传的阵地,其作用是很显著的。它的特点是以文献资料作为宣传的重要工具,而其他机构的这种宣传大多不涉及文献资料的运用。

三、图书馆宣传的类型区分

对图书馆宣传的类型可以从活动的形式、内容、对象和时间等不同角度做多方面的分析。综合利用各种分析的结果,可以从它们的交叉与配合中把图书馆的宣传活动区分为各式各样的类型和方式。这种分析有助于我们深刻认识各种宣传方式的特点、用途与规律,从而更好地掌握和运用它们。

1. 形式区分

从宣传活动的实践来看,这是一种最基本的区分。它又是多层次的,首先可以分为直接宣传与间接宣传。直接宣传指的是在宣传者与被宣传者面对面的直接接触中所实现的宣传活动,它主要是以口头语言来进行的精神交流。除了这种直接接触的宣传活动,还有间接宣传,它要以各种物质构成的信息载体为中介。

直接口头宣传又可以分为交谈与集会两种类型。交谈的对象可以是个别的读者,也可以与少量读者同时进行交谈。集会则是以大量读者为对象的口头宣传活动。

间接宣传的中介主要是各种书面资料和声像资料。现代文献技术与通讯技术的发展,已大大增强了声像直感宣传的可能性。

应该指出的是,在直接宣传中也可适当应用书面与声像资料,而在书展等实物宣传中也需配合一些与群众的交谈。

2. 内容区分

主要指按知识的学科归属和内容的深浅程度来进行区分。

按知识门类分有哲学、社会科学、技术科学、自然科学和文艺作品等方面的宣传;紧密结合图书馆活动的还有文献学、目录学和情报学等方面的宣传。从内容深度上来看,则有学术性的宣传和常识性的宣传。各种专业知识的宣传属于学术性宣传,而科学普及性的宣传则属于常识性的宣传。

3. 对象区分

在宣传对象上首先可以区分为个体和群体,同时还可以按读者的不同类型来进一步细分。

对个别读者的宣传以交谈为主,对群体则可采取其它多种形式。按读者类型分则有儿童、少年、学生、工人、农民和知识分子等,他们各有自己的特点与要求,对他们的宣传活动也有很大的区别。各类型的读者又分别含有个体和群体。

4. 时间区分

图书馆的各项宣传活动从时间上分有一次性的、阶段性的和长期一贯。如对某项政治事件或特定新书的宣传就往往是一次性的;但对重大节日的宣传则可以年度为周期而重复进行。有些活动如书展和讲座等,要持续一定时间,属于阶段性的宣传活动。至于有关科学、文化、历史知识的教育或新书推荐等类的活动,则需不间断地搞下去。

第四节　图书馆宣传的方式方法

一、交谈

交谈是图书馆工作人员和读者在个人直接接触中借助于活的语言所进行的交流,是图书馆阅读指导的传统手段。交谈普遍存在于图书流通和情报服务的各个环节之中。

1. 交谈的作用

交谈的方式机动灵活,内容可长可短,随时随地可以进行。任何读者与图书馆员都能根据自己的主观愿望选择话题。读者的各种要求,多半都是在交谈的过程中提出来的,他们在交谈中不知不觉地接受着图书馆员的指导。图书馆员有意识地与读者进行交谈,是研究读者和指导读者的重要手段,也是直接了解读者的反映和意见的重要途径。

交谈活动的最大特点是可以及时进行往复的交流,随时可以根据交谈的进程不断调整交谈的内容,并使其迅速深化,最后达到解决问题的目的。

2. 交谈的类型

交谈的类型可以根据读者对象和谈话的内容来区分,但从图书馆的业务实践来看,主要是按各个工作环节来区分。比如在读者登记处、目录室、咨询台以及借书处等不同场所的谈话,都有着不同的特点、规律、要求与内容。

(一)在读者登记处的交谈

凡初次来馆借阅的读者都由登记处接待,通过填表和谈话等活动来为他们办理手续,并发给借阅证。

在登记处的交谈,往往是读者与图书馆的第一次接触,将给他们留下深刻的印象。图书馆读者登记处的工作人员要向读者介绍本馆的主要服务设施、藏书特点、目录体系、借阅条件和利用馆际互借与文献复制的办法等等。同时通过交谈,还要了解读者各方面的情况与具体的阅读需求、兴趣、爱好等。此外还可以了解读者是否还利用其它图书馆和有没有私人藏书等情况。

(二)在目录室的交谈

也包括在文献检索室的交谈,因为读者在这两个地方的活动都是查找文献线索。而目录室提供的文献线索范围,则仅以本馆的藏书为限。

图书馆员对于一部分能够独立完成检索任务的读者,应避免对他们做不必要的干扰,只在他们将离去时,口头上了解一下他们的收获与进度就可以了。对于有困难而又能主动提出来的读者,则要通过交谈在查找目录方面予以切实的指导。问题在于有些需要帮助的读者,往往不主动向图书馆员提出要求,馆员的重要任务就在于及时地发现他们,通过积极的交谈来了解他们的需求,并以适当的方式予以切实的帮助。目录室和检索室的值班人员,除须熟悉所管的目录设备外,还应掌握读者文献检索活动的一般规律。

(三)在借书处的交谈

外借处和阅览室的出纳台,都是读者与馆员频繁接触的地方,这里的谈话又可以分为借书时的交谈和还书时的交谈。

借书时交谈的中心是帮助读者选定适当的读物。当他们直接见到自己所需求的图书,但认为不适用时,要允许他们不借,并了解其原因,同时推荐相应的优秀图书给他们。还书时的交谈内容主要是了解读者的阅读收获和对已读文献的评价等。这时的阅读指导主要是肯定读者的正确认识,鼓励他们继续钻研。

(四)在咨询台的交谈

基层的小型图书馆里一般设有读者咨询台。在大、中型图书馆里则往往设有咨询室。它们的任务是受理读者的专题文献咨询,解答在其它服务点上未能及时解决的问题。

在咨询台通过交谈,首先要了解读者产生问题的前因后果,以及他们为解决这些问题曾做过哪些努力,这是正确解答咨询的必要基础,有助于加强针对性、克服盲目性。对于比较重大的咨询课题,馆员可以先做必要的调查与研究之后再来解答,这时即可与读者约定再次接待他们的日期。在咨询台的交谈具有较强的情报服务性质。

(五)集体交谈

除以上所列与读者的个别交谈外,有时还需同时与少量的读者共同进行交谈。这主要指的是在读书座谈会、讨论会、读者小组活动中或图书展览等群众场合与读者们所做的交谈。这些场合的谈话一般都具有指导阅读的意义。

3.交谈技巧

要给读者以高水平的指导,图书馆员首先须拥有相应的知识。他们应该是高水平的读者,熟悉文献的情况与阅读的方法,了解国内外的形势与科学文化的进展,具备教育学与心理学的基础知识等。同时还必须掌握交谈技巧,学会以简洁、生动的语言,准确地表达自己的思想,才能吸引读者的注意,取得交谈的效果。

与读者交谈时要注意:

(一)尊重读者,建立感情

首先图书馆员不应以教育者自居,而应置身于和读者平等的地位。只有尊重读者,并随时设身处地地为他们的需求与方便着想,才能打开他们的心扉、取得他们的信任。这是进行认真交谈的先决条件。通过这样的交谈,将在馆员与读者之间自然地建立起同志的情谊。读者的这种感情是接受阅读指导的基础。

(二)因人制宜,启发引导

交谈作为一种教育过程,对读者要讲究一把钥匙开一把锁。即所选的话题与谈话的角度不仅要切合读者的需要,而且要能迅速引起他的兴趣。这是一种启发与引导的艺术。在读者一方,与馆员的交谈必须是自愿的,否则将很少产生效果,甚至根本进行不下去。

交谈作为相互理解的过程,内容要经常转换。对读者不感兴趣的话题,应及时更换。还可以通过巧妙的提问来了解读者的切实想法及需求所在。又因为图书馆员总是面对着许多读者,而与每一个读者的交谈都不会持续很长时间,所以馆员要有机动灵活地转换话题的本领,并为此做好充分的准备。

(三)常谈常新,永无止境

从每一个读者看来,与馆员的交谈都是一次接着一次地进行的,其中的间隔即为读者用于阅读实践的时间。图书馆员必须记住以前谈过的内容及其所产生的效果,才能不断深入开拓新的领域,使读者觉得常谈常新,总可从馆员的交谈中获得教益。只有这样,通过交谈对读者的阅读指导才会是没有止境的,双方都将在交谈中相互启发、不断提高。为此,馆员应摘要做出谈话记录,并组成档案保存起来。既可帮助记忆,又便于日后总结经验。这里也体现着馆员对与读者交谈所应持有的郑重态度。

二、群众集会

图书馆为读者组织的各种群众集会活动,都属于口头宣传,因为其基本交流手段仍然是活的语言。它与交谈的区别在于,接受宣传的对象不再是个别的、零散的读者,而是特定的群体。群众集会是图书馆的有计划活动。

1. 群众集会的作用

(一)作用面较宽

参加群众集会的多为同一类型的或具有共同阅读需求的读者,其人数少为十几人,多则几百人。集会是各式各样的,其中有些还要持续地、有系统地进行多次,甚至可以重复举行。所以群众集会的作用面比较宽。图书馆可用较少的人力和时间,集中地作用于大量的读者,有效地完成阅读指导的任务。

(二)能形成舆论的力量

通过集会活动能为读者群众创造出一种共同的气氛,即根据宣传内容而形成的人们在认识与意愿上的共同倾向性。这属于社会舆论,是引导读者思想与情绪的强大于段。组织得很好的群众集会活动,能使大量读者相互鼓舞,迅速接受正确的观点,深化阅读的兴趣,从而科学地理解和评价读物。

有些群众集会还邀请各学科的专家、各行业的领导干部、先进人物,以及作家与诗人等参加。与他们会面,并聆听他们的讲话,对读者具有强大的感染力,能给读者留下难忘的印象,对他们以后的阅读活动会产生深刻的影响。这也是一种舆论力量。

（三）能吸收社会力量共同组织

图书馆读者的集会活动可与馆外的人员或其它社会机构联合举办。各图书馆时常邀请高等院校、科研机构、文艺团体或某行业的先进单位的代表人物参加这种活动。也可与各有关的学会、协会以及工会和青年团等群众组织，或各报刊编辑部等新闻与出版单位联合组织读者集会。读者们对这种活动是非常欢迎的。

另外，图书馆还可以吸引并组织读者积极分子参与群众集会的筹备工作，请他们准备座谈中的重点发言或简易的文艺演出与朗诵等。这不单可使群众集会更为生动，而且对参与工作的读者也是一种锻炼。

（四）可综合利用其它宣传手段

在群众集会中，不仅利用口头语言的交流，而且可以结合其它的宣传形式与手段，并使它们相互补充，从而取得最大的效果。例如，配合集会的主题，可以举办临时性的小型书刊展览，也可以散发或张贴专题的推荐书目供读者参考。利用题材相应的幻灯、录音资料、有关的影片或录像等，也都能使集会生色，并给读者留下更为深刻的印象。在少年儿童读者的文艺专题集会中，可以组织讲故事、选读作品片断或展示有关图片等，效果也都很好。在科学技术性的集会活动中，还可以展示小型的关键设备，并做些操作表演。至于一般的大型示意图、框图与表格等，更是群众集会上的演讲人时常要利用的。

2. 群众集会的类型

（一）专题报告

新中国成立以来，我国图书馆有组织专题报告的良好传统。报告的内容很广泛，包括时事政治、科学理论、应用技术或文化艺术等各方面为读者普遍关心的问题。报告人则是有计划地约请的专家、学者或党政领导人。这种报告活动对于普及科学文化知识和宣传图书、指导阅读都有重大作用，历来深受读者欢迎。

（二）系统讲座

这是一种由图书馆举办的短期教学活动,其主要目的在于配合社会上的各种自学活动或职工业务考核等。关于辅导外语学习或宣传图书知识的系统讲座,也有指导阅读的作用。这种讲座多为一系列的连续性的报告所组成,类似学校的授课。讲座的期限可由数周到一、两年不等。它能有效地提高读者在某些特定方面的知识或技能。

系统讲座也是读者培训的一种重要手段。通常所说的读者培训,就是围绕图书馆的使用方法,组织关于文献和文献检索知识的系统讲座。这种活动的效益显著,世界各国图书馆都很重视。

我国的图书馆读者培训活动已取得了初步的成绩与经验。教育部于 1984 年初发出文件,要求各大专院校逐步为学生们开设有关文献知识及其利用的课程。一些大型公共图书馆和科学图书馆为读者举办了短期循环讲座,普及各类型文献的检索方法,收到了很好的效果。

（三）人物会晤

邀请英雄、模范或诗人、作家等社会知名人士与读者见面,也是图书馆的一种群众集会活动。这种活动的形式活泼,内容也不受拘束,还可以穿插问答或个别交谈等,使广大读者有机会与他们所景仰的人物见面,对开拓读者的视野和指导他们的阅读都有一定的作用。

为使会晤取得更大的收获,图书馆可以提前组织其中的部分人员阅读一些有关的资料或作品,使他们有较为充分的准备,并通过小规模的讨论提出些共性的问题,以供与会面的人物交谈。

（四）座谈、讨论

这是由读者参加的集会活动,其主持者则为具有较高水平的图书馆员,或具备相应条件的读者。座谈、讨论的内容多为一部书或围绕着特定专题的一批图书,也可以组织读者交流学习心得,或研究他们所共同关心的社会、文化与科学问题。座谈讨论时,由与会者自由发言,相互启发,因此是一种读者自我教育的过程,可以加深读者对图书的理解和提高他们的阅读修养。

专题讨论中的选题和重点发言,均须由图书馆员事前组织读者做好准备。每次座谈,在结束时还应做出适当的小结,或提出问题进一步研究。座谈讨论也是各种读书小组和读书会等群众组织普遍应用的活动形式。

（五）文艺性集会

这种集会的形式有讲故事、诗歌或散文朗诵等。这种活动多由图书馆员组织读者自演自看,主要用于文艺作品的宣传,寓教育于群众业余艺术活动,能引起读者的强烈兴趣,无论对于演员或观众都能收到很好的效果。特别是对于少年儿童和其他初具阅读习惯的读者,这种宣传的作用更为显著。

3.组织集会的方法

（一）计划安排

图书馆为指导读者阅读而组织的各种群众集会活动必须有全面的计划安排。每一个计划期以一年为宜。制定计划的根据是图书馆的任务和读者群众的需求,还必须考虑到图书馆的人力与物力条件,以及吸收社会力量共同协作的可能性。计划中的活动量应该是积极的,既要充分利用一切客观条件,也要注意留有余地,以便于某些临时性活动的安排。

计划的内容应包括各类型集会的目的、选题、内容、规模、时间、场地、承办部门、参加人员、配合措施及费用来源等。

（二）组织筹备

每项集会活动均须责成一定的人员提前进行筹备,通常多由阅览、外借、参考等业务部门分别负责。个别图书馆设有专门的群众工作部门来主管这些活动。对于大型的群众活动,可抽调人力组成临时性的筹办小组;对于持续时间较长的群众活动,则可以建立精干的办事班子来负责到底。组织筹备工作的重要环节有二：

（1）邀请报告或讲座的主讲人，与读者会面的社会人物，以及讨论会的重点发言人和业余文艺的表演者们。确定邀请的人员要经过相当的调查研究，应邀请深受读者欢迎的人，并事先使他们了解组织集会的意图，以及为他们提供必要的文献资料或其他条件。

（2）组织读者群众，不论是一次性或连续性的群众集会，均须预先以广告、海报或信函等形式使广大读者周知，以便他们自愿参加。通报应包括集会的主题、内容、对象、时间、地点以及其它条件。为掌握集会的规模，可采取登记或发票等办法予以控制。组织读者群众的主要任务是保证参加集会的人员符合既定的目的与要求，这是使集会取得理想效果的必要条件。对于学术性的集会活动，还可与相应的机关单位协商，请他们分别组织一定数量的人员来参加。对于系统讲座的学员们，则不仅需要有较为严格的条件要求，有时还可事前对他们进行必要的考核。

（三）收集反应

为及时总结经验教训，并不断改进工作，必须系统地收集各方面人员对集会活动的反应。不仅集会以后要抓紧收集反应，而且在筹备工作和集会进行中都要随时注意到这一点。

可以选择若干有代表性的读者重点了解他们的收获与意见，并和他们共同讨论分析，借以改进今后的工作。对应邀参加活动的人士，更要仔细征求他们的意见。在搜集反映的基础上，要对每次的群众集会做出简要的书面总结，并存入档案，以供日后检查工作时参考。

三、文字宣传

有关利用文献或利用图书馆等方面知识的文字宣传材料，是图书馆指导读者阅读的重要工具之一。这种通过文字材料的宣传，形式多样，作用强大，各类型图书馆均应广为开展利用。

系统宣传各科图书的文字材料是指:书刊评介、文献综述和各种书目(包括题录、提要、文摘及索引等)。其中群众性最强的是推荐书目。推荐书目的选题多以特定读者群的需求为根据,其篇幅都不大,通常只包括几种或十几种图书,但都是精心选择的优秀著作,便于读者了解和选读。

1. 文字宣传的特点

文字材料在传递信息方面,其内容准确,文字简洁,具有较高的科学性。其特点是:

(一)影响广泛

文字材料的内容与形式灵活多样,基本上不受地点的限制,可以应用于各种场合。在图书馆里,凡读者所到之处,都应充分利用文字宣传来指导他们的阅读。甚至几个字或十几个字的提示与标语,都能给读者很大的帮助和教益。

文字材料用于宣传的基本形式是张贴与传递两种。与口头宣传比较,其影响所及都要广泛得多。因为口头宣传只能作用于当时在场的读者,时过境迁就不再发挥作用了;而文字宣传则不同,只要它还存在,就能对一切见到它的读者产生作用。从这一点看,也说明其作用是广泛的。

(二)时效久远

凡张贴用的文字宣传材料,其时效直到撤下或更换时才会终止。而传递用的文字材料一经形成,其作用就不再受时间的限制,因为它们将分散保存在读者手中,可供随时取用。所以文字材料的宣传时效是较久远的。特别是一些学术性较强的宣传品,例如关于历代各国文学作品的推荐书目等,其作用更能经久不衰。

2. 文字宣传的方式

文字宣传材料的类型很多,内容和体裁各不相同,但从运用的方式来看,则主要有:

(一)展出式

展出式宣传材料包括标语、通告、图书宣传画、墙报和宣传栏等，还包括图书馆中各种服务设施布局的指引文字和开架服务中的书架标示等。这种宣传材料多用较大的美术字体手写而成。展出式材料的篇幅一般都不宜太长，这一方面受地点的限制，同时还要便于读者很快看完。所以展出式材料的文字必须简洁明确，重点突出，使读者便于接受。

（二）传单式

这指的是以单张或活页形式散发的小型印刷品，其应用亦极为广泛。常见的有图书馆简介和目录体系指南等。最主要的传单式宣传材料是小型的推荐书目，可分为各种专题，印好后随时应读者索阅，或由馆员主动提供给他们，作为制定个人阅读计划和选择读物时的参考。还可以根据需要或配合专题群众集会适当散发。

（三）专书式

指以宣传图书和指导阅读为目的而编印的专题文献汇编、辅导材料、文献指南、图书馆介绍和书目等。它们对于读者进行文献检索或系统阅读最有帮助。图书馆的任务是把它们收为馆藏，并准备必要数量的复本，在读者工作中广为宣传，并有针对性地推荐给读者使用。

（四）附载式

借助于其它图书或报刊版面所发表的阅读指导材料，可称为附载式的文字宣传。这类材料在社会上流传最广，其作用远远超出了图书馆读者的范围。

附载式文字多数不是由图书馆编发的，但各图书馆均应充分收集这些资料，并应用于自己的图书宣传和阅读指导工作中。至于图书馆的各项业务动态或举办群众活动的消息，如能在刊物中经常予以报导，也能收到很好的效果。

3. 文字宣传的材料组织

图书馆文字宣传材料的来源以自编为主，同时要注意利用已发表的有关文献,必要时还可以根据需要组织馆外人士编写。

（一）自编材料

图书馆的各个部门都有为宣传自身的业务活动编写宣传材料的任务,当然,直接从事读者工作的部门应多编一些。

自编材料中,最重要而且工作量又最大的就是新书通报与推荐书目。新书通报多由编目部门负责,定期或不定期连续出版,这是宣传图书的基本手段之一。至于编辑推荐书目的工作,则应由阅览与参考等服务部门分工负责。为做好对重要科研项目的服务工作,有些大型图书馆还编辑学术性的文献题录或文摘,有卡片式和书本式两种。

（二）组织外稿

为了图书馆宣传工作的需要,有时要组织读者或其他馆外人士撰写文字材料,其中主要是书刊评介和阅读心得等,也包括文献学和文献检索等方面的普及性文字。组织外稿可补充图书馆自身力量的不足。参加编写工作的常是各方面的专家和修养较深的读者。

选用读者所写的高质量的阅读心得作为宣传材料,一般较受读者欢迎,并有较强的感染力量。这对写阅读心得的读者来说,也是一种鼓舞。但对这种材料要经过认真的筛选和审阅。

（三）选用现成材料

从已出版的图书和报刊中选用现成的材料是图书馆宣传文字的重要来源,应充分利用。这些材料虽可能已为部分读者所熟知,但经过筛选、集中和重新组织,仍能给广大读者产生强烈的印象,并取得很好的宣传效果。比如有些图书馆在阅览室里所设的剪报资料张贴栏,就很受读者的欢迎。

现成材料极为丰富,根据需要选用,可以节省许多人力。选用的材料可以与自编的材料配合使用。对于不完全适用的现成材料,还可由图书馆人员予以改编或删节。我国图书馆集中编目工作所印发的提要卡片,也可作为宣传新书的现成材料。其它图书馆编写的展出式宣传文字,虽不属印刷品,也可收集选用,这也是一种现成材料。

(四)图表与画面的配合

各种宣传材料最后都要以图书馆宣传文字的面貌呈现于读者之前。因此,要讲究版面的布局,并适当加以装饰,以加强其作用。图表和画面可使宣传材料生动、活泼,并起一定的装饰作用。

图表包括各种形式的示意图、框图和以文字或数字组成的表格。这种材料最为简明、系统,能对读者产生深刻的印象。在阐明问题、对比事物和表示种种关系方面,往往比文字阐述的效果更为显著。各图书馆在宣传中应充分利用它们。

画面主要指绘画与照片等,它们在文字宣传材料中可配合运用。绘画能给人以形象感受。作为对文字材料的补充,它将传递更多的信息,并能活跃版面,吸引读者的注意。绘画可以自制,也可以选用现成的图书封面与插图,或其复制品。照片比绘画更为准确和生动,能形象地记录种种实物、景象和现场的人物情绪。适当运用照片,也能为文字宣传材料增色。

四、直感宣传

直感宣传是以实物或其声像为手段来直接传递信息的宣传。直感宣传是图书馆宣传活动的又一个重要方面。它生动、具体、直感性强,可以单独运用,也可与其它口头或书面宣传配合运用,对于指导读者阅读可产生更大的作用。

1. 直感宣传的特点

在出现文字之前,实物及其形象都曾长期起过传递信息的作用。我国文字中,有许多是由实物的形象逐步演化而来的。文字出现的早期,只有少数人能用,所以形象以及音响仍继续被用来传递信息,如图画、旗帜、响箭和锣鼓等。直到现代,它们与其它手段并存,仍是传递信息的有力中介,如军号和旗语等。所以,直感宣传有着悠久的历史传统。

自十九世纪以来,人们才逐步掌握了在一定载体上,以相应方式记录声像信息的技术,从此出现了完全新型的文献,如幻灯片和录音带等等。它们可供贮存与传递,并在需要时,通过特定的设备可以再现所记录的形象与音响。当代最先进的通讯技术更为声像记录的应用开辟了广阔的途径,这就是广播、电影和电视等。它们使声像交流的范围进一步扩大。由于电子技术的迅速发展和光盘的推广应用,可以预见直感宣传手段的作用将更会增强。而新近出现的"电视报纸",给传统文献的利用创造了全新的方便形式,是文字手段与声像手段的进一步结合。可以预见,直感宣传的发展有着无限广阔的前景。

直感宣传具有如下特点:

(一)艺术性强 直感宣传中含有形象、色彩或音乐等因素,因此带有一定的艺术性。如幻灯片可配以朗诵、音乐等,而录像资料则还必须讲究表演艺术。

(二)感染力大 直感宣传往往从各个方面同时作用于人们的多种感觉器官,能使客观事物得到最生动的再现,从而给人们留下极为深刻的印象,使读者自觉或不自觉地受到教育。所以直感宣传有较大的感染力。

(三)群众性强 直感宣传能同时作用于大量的读者群众,而且接受直感宣传的人并不要求具备特定的个人修养条件,因此更为广大群众所喜闻乐见。所以它有很强的群众性。

(四)灵活性高 在运用直感宣传进行阅读指导时,可根据宣传的任务和读者的特点,在不同的场合,随意选用其中的一种或几种手段相互配合运用,所以它的灵活性很高。

2.直感宣传的方式

(一)形象宣传手段

形象宣传主要指宣传画、照片、幻灯和书展等多种形式。

（1）宣传画

这是一种以张贴的形式来宣传特定事物或观点的图画。利用宣传画宣传图书或图书馆本身的业务活动是图书馆的传统方式。

图书馆所用的宣传画通常都是自行设计、制作的。图书宣传画以画面为主，并配以少量的文字。其画面主要是所宣传的图书或书中人物的形象，也可利用图书封面或插图的复制品。每幅宣传画可以宣传一种书刊或一组专题图书。文字介绍一定要简洁，用以说明图书的主题、作者和出版事项等。

（2）照片

照片宣传是重要的形象宣传形式。图书馆一般利用公开发行的各种成套的专题新闻图片来宣传时事。也可配合重大节日或对历史人物的纪念进行照片宣传。照片主要用来补充和配合文字宣传材料，如在墙报或图书宣传橱窗中适当配用一些照片，则会生色不少。

以照片为主的宣传活动还可用于报道图书馆的业务活动和爱护图书的教育等。图书馆的一些大型群众活动的图片报道能增强其影响，这类照片多由各图书馆自行摄制。

（3）幻灯

社会上流通的各种成套专题幻灯片，可在图书馆的群众活动中配合利用，这对于普及性的宣传往往能取得较好的效益。最近出现了宣传特定图书的幻灯片，如关于美国《化学文摘》的幻灯片，对指导读者利用它来检索文献极有帮助。幻灯片既可用于一般的科学或政治性宣传，也可用于文艺作品的宣传。

（4）图书展览

图书馆举办图书展览在我国已有半个多世纪的历史。书展的规模可大可小，内容上各不相同。新书展览或小型的图书陈列是各图书馆的经常性宣传设施。大型的专题书展多以某学科的图书或特定类型的文献为内容。在展览中,读者可以广泛地浏览图书,直接选择读物,扩大其文献视野。在筹备图书展览时,首先需慎重选择展出的书刊,它们必须是科学性和艺术性都较高的优秀书刊。然后经过编排,构成系统性的序列,再配以种种指引、标牌和文字说明。书展的艺术布置也是很重要的。

大型书展的选题必须适合读者需求,并应具有较为突出的政治、文化或经济意义。组织大型书展时,要有详细的设计和周密的筹备,包括内容布局的设计和艺术设计以及具体的布置和人员分工等。组织观众也是一项不可忽视的工作,要提前以海报等形式使广大读者群众周知,也可通过报纸与电台发出通告。有组织地邀请各单位的有关人员集体参观书展,也是一种很好的方法。

(二)音响宣传手段

音响宣传手段是录音技术出现以来才得以应用的。录音文献在图书馆藏书中日益增多,以播放录音为读者服务,将逐步成为图书馆的日常工作。从宣传图书与指导阅读的角度来看,应用于读者群众性活动的音响手段主要是录音和广播两种。

(1)录音

录音资料以各种内容的专题报告、讲座或外语学习资料为主。专题报告、讲座多半都是在活动现场记录下来的,可以根据需要反复播放,并组织读者收听。单纯利用录音资料组织的报告会效果较差,因为缺乏演讲人与听众之间的现场精神交流,难以吸引读者的注意力。但配合各种集会活动穿插一些录音资料,则可为宣传工作增色。在文艺图书的宣传中,穿插一些有关的乐曲或诗歌朗诵的录音,往往能激发读者的阅读兴趣。

(2)广播

包括单位内部的有线广播和社会性的无线电广播。图书馆应充分利用内部的广播系统来宣传自己的业务活动,向读者推荐优秀图书,并指导他们的阅读。

全国性或地方性的无线电广播其听众极其广泛,各级公共图书馆应该利用它来进行宣传活动。目前各地电台时常报道当地图书馆的服务活动。图书馆可与电台合作,共同组织、编发推荐优秀书刊的稿件,还可邀请有关人士发表评介书刊的演讲。如能坚持经常,将会取得很大的效果。至于图书馆的重大业务措施和活动项目,也可利用广播进行宣传。

(三)综合声像宣传手段

最初记录动态的形象并配以对话等音响的就是电影。但电影的制做技术相当复杂,一般只能由专业机构承担。近来,录像设备开始普及,这就使图书馆有可能自行编制综合声像资料,来用于自身的宣传活动。电影和录像都是一种综合艺术形式,能使语言、音乐和表演艺术结合在一起,同时对文字也有一定数量的应用,其观众又包括一切有视听能力的人,因此为人们所喜闻乐见。社会性电视系统的建立,使综合声像资料的传播更为普及,现已几乎深入到了每一个家庭,成了人们文化生活中不可缺少的组成部分。

(1)电影

图书馆配合科技书刊的宣传,可以播映各种科教影片。以文学名著为底本的故事影片,是宣传有关文艺书籍的有力手段。至于专门以图书馆活动为题材的科普性电影,我国曾有人在六十年代初试编过脚本。近年来,这种努力已转向使用录像手段了。

(2)录像

自七十年代末以来,我国已积累了一定数量的关于图书馆活动的录像资料,其内容主要是各地大型图书馆的周年纪念、新馆舍启用,以及中央和地方图书馆的学术性集会等活动。这些材料也有一定的宣传价值。目前,有个别情报机构编制了专门普及文献检索知识的录像片,并已和读者见面。这是一个很好的开端。有些高校图书馆利用各种录像片配合教学活动,起到一定的宣传作用。

（3）电视

利用电视在全国或一省、一市的范围内普及图书馆知识和推荐优秀书刊是可以而且应该做到的。各地的大型公共图书馆均应主动争取与电视台合作,开展这种活动。

第五节　对各读者群的阅读指导

各个读者群的阅读活动都有自己不同的特点和发展规律。为使阅读指导取得高效益,必须根据各个读者群的整体状况与共同需求而在内容上有所侧重,并在方式与方法上有所选择。因此,对各读者群的阅读指导活动是有区别的。

这里进行区分的主要根据有三。一是各读者群的文化教育程度,这一点决定着他们的阅读修养水平和自学能力。二是他们共同的阅读目的。在同一类型的读者中,多数人具有基本相同的阅读目的。三是他们对文献的需求,这主要体现在学科范围和内容深度两个方面。每一读者群的文献需求,也都有着特定的范围和深度。总的看来,对不同读者群的阅读指导活动大致可以分为初级、中级和高级三种类型。

一、初级阅读指导

这指的是对文化教育水平较低的读者所开展的阅读指导活动。这种类型的读者数量最大,在各级公共图书馆、工会图书馆、部队和中小学图书馆以及农村、街道等基层图书馆(室)中,他们都占多数,主要是儿童、青少年学生和广大的工农群众。

这些读者的文化水平一般不超过普通中等教育的程度,他们的阅读修养不高,基本处于学习阅读的阶段。图书馆对他们的任务主要是培养其阅读习惯和提高其阅读能力。

他们的阅读目的以学习和充实业余文化生活为主。少年儿童的阅读活动,从其自身来说主要是为了满足求知的愿望。中学生们的阅读活动目的较为明确,或为配合课程内的某些学习,或在其它文化知识领域内阅读,以满足自己的精神需求。至于在成年人中,抱有学习目的的主要是从事系统自学的读者,此外还有许多读者以阅读作为业余文化生活的一部分。所以他们阅读文献的范围很宽,包括少年儿童读物、文艺作品、科普书刊以及各科辅助教材等,涉及文学、社会科学、自然科学、工农业技术和医药卫生知识等各个方面,但不需要较为专深的学术性著作。

这种初级的阅读指导,内容应侧重于推荐适合需要的优秀图书,因为读者们自己选择读物的能力尚不充分。推荐优秀图书的要领在于结合读者的主观需求,培养或吸引他们的注意力与兴趣,使他们初步了解适用优秀读物的内容与价值,以及其他读者的看法等,从而产生阅读的愿望。

这种阅读指导活动要求图书馆员必须具有较为广博的文献知识,并对阅读心理学和阅读教育学有一定的了解,方能自如地运用各种宣传方式与方法。指导这些读者阅读的方式主要是个别交谈和群众性的集会活动。

二、中级阅读指导

中级阅读指导的对象是受过专业教育和正在接受专业教育的读者。这里既包括高等专业教育,也包括中等专业教育和一般职业教育。这种类型的读者在中专、高校和科研机构所设的学术性图书馆中,占绝大多数,其成份除青年学生外,还包括各级教师、工程技术人员、科学研究人员、经济管理人员,以及医药卫生、编辑出版和文艺团体等方面的专业人员。

这些读者都有一定的阅读经验,阅读活动已经成了他们本身业务工作和业余生活的重要组成部分。他们从事阅读活动的目的是为了汲取文献中的知识而直接应用于自身的社会实践,以解决和处理在业务工作中所遇到的问题。他们需用的文献虽也相当广泛,但比较专深。

中级阅读指导的内容包括:(一)推荐具有高度学术水平的各科基本著作,学术报告、专利等特殊类型的科技文献,以及各种类型的工具书等。(二)要向读者普及推广有关文献检索的知识和技能,这是读者的普遍需求,也是图书馆员的重点工作。(三)指导他们了解和应用世界主要语种的文献。对他们推荐的文献不仅目的要明确,而且还要求有更高的系统性,因为他们通常需用文献的数量都较多。

这类读者的数量虽不如前类读者那样多,但对他们的阅读指导却具有重要的意义,有较为直接的社会作用,各类型图书馆均应大力加强。

三、高级阅读指导

高级阅读指导的对象是各学科的专家和各个行业的研究人员,主要是社会上的高级知识分子队伍,他们承担着开拓新的知识领域的艰巨任务,是脑力劳动者队伍的核心部分。这一批读者主要集中于大专院校、学术团体和科研单位。他们在各图书馆的读者中虽然居于少数地位,但却承担着重要的研究或教学任务,图书馆要重点保证对他们的服务工作。

有人认为他们都是自己学科的专家,有相当高度的阅读修养,熟悉本专业的文献,所以不需要来自图书馆方面的阅读指导。这种看法有一定的片面性。他们的阅读活动诚然是高水平的,但其阅读修养也仍需继续提高;他们是本行业的专家,但不一定是文献学和阅读理论方面的专家;所以他们虽有丰富的阅读经验,但并不是不需要接受指导,只是需要更高水平的阅读指导。

这些读者所需文献均有较高的学术性,同时数量又是较多的,因为他们不但对专题研究范围内的文献需要基本掌握,而且在相关的学科领域内也要阅读大量的资料。对一些他们未曾利用过的工具书或检索途径,需要由图书馆员做出比较详尽的介绍。对一些新型的出版物或出版界的新动态,他们也不如图书馆员掌握的及时。他们比较需要新书展览、文献通报等方面的情报服务。对他们服务的工作量较大,要利用参考咨询、文献检索、资料复制和馆际借书等多种手段。他们对图书馆服务的依赖性较大,图书馆应把他们作为重点服务或专题服务的对象。

这些读者需要指导的内容很少共同性,所以主要是通过与馆员的个别交谈来解决问题。各种一次性或连续出版的文献检索工具对他们的阅读活动有较大的指导作用。此外大型的外文图书展览比较受他们的欢迎,有助于开阔他们的文献视野,掌握最新科技动态。

参考文献

1. 图书宣传和阅读辅导工作 张树华 张嘉澍编著 《图书馆读者工作》 1981 年 长春 吉林省图书馆学会版 第四章第 50 - 64 页

2. 图书宣传 读者辅导 张德芳编 《读者工作概况》 1983 年 成都 四川省中心图书馆委员会版 第七、八章第 95 - 118 页

3. 试论图书馆宣传工作 唐建华 《四川图书馆学报》 1981 年第 2 期 第 41 - 45 页

4. 试论少年的阅读心理和阅读指导 徐泽民 《江苏图书馆工作》 1982 年第 4 期 第 56 - 58 页

5. 大学生阅读心理与阅读需求分析 孟雪梅 田丽君 《吉林高校图书馆通讯》 1983 年第 1 期 第 42 - 45 页

6. 科研人员阅读科技文献规律初探 白国应 《科技情报工作》 1982 年第 11 期 第 18 - 21 页

7. 社会科学情报用户研究 梁林德 《情报科学》 1982 年第 4 期 第 47 - 51 页

第四章　图书流通

第一节　图书流通概说

图书流通是根据图书馆的任务和读者的阅读需求,直接提供馆藏文献供读者利用的服务活动。从藏书楼演变到近代图书馆,最突出的标志就是通过各种流通方式将藏书供给读者公共使用。所以,图书流通过去是、现在仍是图书馆读者工作中最经常、最基本的服务方式。

图书流通工作是联系文献与读者的中间环节。要想使图书馆收藏的各种文献发挥作用,关键在于积极地向读者提供和传递文献,使文献充分地利用。图书流通的广度不仅是衡量文献利用程度的标尺,也是衡量全馆工作好坏的重要标志之一。

革命导师列宁非常重视图书流通工作。他认为:"值得公共图书馆骄傲和引以为荣的,不在于它拥有多少珍本书,有多少十六世纪的版本或十世纪的手稿,而在于如何使图书在人民中间广泛地流传,吸引了多少新读者,如何迅速地满足读者对图书的一切要求……。"(见《列宁全集》第 19 卷 271 – 273 页"对于国民教育能够做些什么"一文)列宁的论述指明了图书流通工作的本质及其在整个图书馆工作中的地位,对于我们开展图书流通工作具有指导意义

图书流通工作的基本矛盾是供与求的矛盾。要解决读者对文

献需求的多样性与藏书成份的复杂性之间的矛盾。供与求的矛盾有以下几方面的特点：

一、供与求的矛盾处于经常发展变化之中

供求矛盾的发展变化是因为：一方面读者对于图书的需求是多种多样的，而且随着形势的发展、社会主义建设的需要以及科学、技术、文化、教育的发展而不断发展变化着；另一方面，图书馆的藏书门类众多，品种复杂，近年来，类型更加多样，数量猛烈增长，发展变化十分迅速。这些变化和发展使得供与求经常处于不平衡的状态。图书流通的任务就是解决这些不平衡，使之达到相对的平衡。但新的情况出现后，又会产生新的不平衡。这种从不平衡到相对平衡的发展，是促使流通工作不断改进和提高的内部动力。

在我国目前条件下，供求矛盾经常表现为"供不应求"。虽然各图书馆的藏书数量在不断增加，但是读者学习和研究的热情和要求也与日俱增，各方面对于书刊的要求越来越迫切，各类型图书馆的图书流通量普通增加。在这种形势下"供不应求"将是一个较为普遍的现象。解决这个矛盾，除增加书刊的购置外，从图书流通方面来讲，关键在于做好主动供应工作，以缓和或解决"供不应求"的矛盾。如公共图书馆开展的"定题服务"、"送书上门"的工作；学校图书馆有计划地供应教学参考书的工作；科学图书馆或情报部门开展的文献报道和定题检索工作等，都是主动供应、主动服务的有效方式。这些工作对于解决供求矛盾，提高书刊的利用率，满足读者的借阅需求等都起了一定的作用。

除"供不应求"外，有时也会出现一些"有供无求"的现象。各图书馆均有一批长期积压书库中无人问津的"呆滞书"。这些书有的是内容陈旧过时，有的是复本过多，有的是宣传不够，读者不了解。对于后一种情况，应加强宣传，使"死书"变为"活书"，这也

是解决"供不应求"矛盾的办法之一。

二、供与求是互相联系和互相制约的

古代的图书只靠传抄手写,一本书来之不易,在这种文献供应的情况下,对需求的满足只能限于少数人。随着机器印刷的出现,可资供应的文献数量越来越多,因而就为满足广大群众公共阅读图书提供了物质基础。近一、二十年来,随着信息社会的发展,文献数量剧增。在文献大量涌现的供应情况下,给读者的需求带来新的问题,即:"失去控制和无组织的信息,在信息社会里不再成为资源,相反,它成为信息工作者的敌人。受到技术资料困扰的科学家们抱怨这种信息污染"。(见(美)约翰·奈斯比特著《大趋势》一书的第一章)在这种供求关系的新的情况下,读者工作部门必须从文献提供转向文献选择的方向上来。由此可见,供与求这一对矛盾总是紧密联系、互相制约的。在相互制约中,寻求较好的供求办法,找到较妥当的平衡点。

三、注意供求矛盾的特殊性

在解决供求矛盾时,应注意矛盾的特殊性。不同类型的图书馆,任务不同,对象不同,供与求也存在着不同的特殊性。例如,科学图书馆的读者主要是科研人员,他们对文献需求的特殊性是全面、系统、及时,准确。高校图书馆的主要对象是教师和学生,他们对文献的需求主要是围绕"教"与"学"的需要。而公共图书馆的读者则比较复杂,有各种成份的读者,他们的文化水平很不一致,阅读需求也是多种多样的。所以在解决供求关系时,应根据矛盾的特殊性,贯彻区别对待的原则,做到"保证重点,照顾一般"。对于重点读者,图书馆应从多方面保证他们的需求。例如,新到书刊的介绍、报道;重点项目所需文献的检索和提供;优先满足重点读者的借书要求;采用送书上门、预约借书、馆际互借、文献复制等服务方式,均是满足重点读者的有效办法。同时,对于一般读者也要给予应有的重视。

四、供与求的表现形式——借还图书

在图书流通工作中,供求矛盾的表现形式主要是借书与还书。也就是说,供与求是通过图书的出借与归还的交替而实现的。借书是图书馆供应图书,满足读者需求的一种基本手段,而还书是图书馆为了再次供应图书,满足另外的读者要求的前提。借、还的循环往返,就是图书馆解决无数供求矛盾的表现。所以,提高图书出借工作的质量,为读者广、快、精、准地提供文献资料,减少图书借阅的拒绝率,加快书刊借阅的周转率,是解决供求矛盾的重要措施。

要想真正做到广、快、精、准地提供文献,采用现代化手段是非常必要的。电子计算机应用于文献检索和图书流通系统,对于提高图书流通工作的效率和质量是一种重大的突破。

五、处理好馆员与读者之间的关系

处理好馆员与读者之间的关系是解决供求矛盾的一个重要方面。在图书流通工作中,馆员与读者是互相依存的一对矛盾。没有读者,馆员就没有了工作对象,图书流通工作也就失去了意义。反之,读者的借阅要求只有通过馆员的劳动才能得到满足。在这对矛盾中,矛盾的主要方面是馆员。如果馆员的工作做得好些,方式多样化些,多替读者想些办法,供求矛盾就会缓和一些。反之,馆员的服务质量差一些,供求矛盾就会突出一些。所以,从事图书流通工作的馆员应是高水平的。他要了解读者,熟悉藏书,有千方百计为读者服务的思想,并善于灵活运用各种服务措施,有区别地为不同的读者提供不同的文献,不断提高服务效率和服务质量,使供求矛盾得到妥善的解决。

第二节　图书流通方式

图书流通的方式很多,如:外借、阅览、文献复制、馆际借书、邮寄借书、图书流通站、巡回借书等。其中外借、阅览是基本的图书流通方式。

一、阅览服务

阅览服务是组织读者在阅览室内利用文献的一种服务方式。阅览服务在图书流通工作中占有重要的地位。我国辛亥革命前后的早期图书馆,为了使图书不丢失损坏,主要采用阅览方式流通图书。西欧十九世纪以前的图书馆,也是以阅览作为主要的服务方式。后来,在新的形势下,阅览室的作用不断发展变化。现在的阅览室不仅是读者进行学习的场所,也是读者查找文献、选择文献的基地。

1. 阅览室的特点

阅览方式与其他的图书流通方式相比,有以下特点:

(一)阅览室有安静的读书环境及各种设备(如显微阅读机、视听设备等),为读者从事自学和研究提供了良好场所。

(二)读者在阅览室内可以借阅到许多不外借的文献,如参考工具书、现期期刊、特种文献、古籍善本等。有些孤本书(如原版外文书)或库存本也可在阅览室供大家阅览,这样可以减少由于复本不足而引起的拒借现象。

(三)读者在阅览室内可以同时利用多种书刊资料。有时读者只须查阅某书中的一个段落、一个数据、一个图表或期刊中的一篇文章,如果全部采用外借方式,费时费事,而在阅览室读者可广泛查阅各种书刊资料。在开架的情况下更为方便。

（四）读者在阅览室内，特别是开架阅览室内，可以看到许多文献资料。这些文献一般都按学科内容分类排架，不仅便于读者全面了解本专业的文献情况，还可以使读者广泛涉猎其他相关学科的文献，从而开阔视野，充实和丰富自己的文化科学知识。

（五）阅览室的书刊周转快，可以提高藏书的流通率。

（六）馆员在阅览室有较多的时间和机会接近读者，可以了解读者的阅读需要，可以辅导读者利用各种检索工具查找文献资料，还可以及时地了解服务效果，以便今后有针对性地开展服务工作。

阅览室虽然有上述许多优点，但是也有一定的局限性。例如，读者必须亲自来馆才能利用书刊，开馆有一定的时间限制等，这些都会给读者带来一定的不便。

2. 阅览室的种类及其设置特点

阅览室的种类很多，归纳起来，大约有三种类型：普通阅览室、专门阅览室、研究室。

（一）普通阅览室

普通阅览室是综合性的阅览室，供来馆的各类型读者使用。它的藏书一般是经过选择的，值得推荐的各学科的优秀书刊，如马列主义经典著作，各学科的基础读物或权威性著作，各种参考工具书以及报纸、期刊等。普通阅览室是开展宣传教育的重要阵地，它应配合各项中心任务利用书刊资料广泛地进行宣传活动。普通阅览室也是辅导阅读的基地，它可以利用各种工具书或检索性刊物，帮助读者查找资料，解答读者提出的咨询问题，或向读者推荐优秀的书刊。

也有一种普通阅览室不配备任何书籍或只配备少量的报刊，专供读者自学之用。

（二）专门阅览室

专门阅览室可根据学科性质、读者对象，以及出版物的类型和语种分别设置。

（1）按学科设置的阅览室

按学科设置的阅览室也叫分科阅览室。它系统地集中了某一学科或性质相近的某几种学科的书刊资料,供读者按学科、按课题来查找和利用文献,为提高专业知识和进行专门研究服务。例如,马列主义著作阅览室、哲学社会科学阅览室、科技阅览室、文艺书籍阅览室等。

分科设置阅览室,使阅览室朝着专业化的方向发展,这是当前国内外阅览工作的发展趋势之一。分科阅览室是开展科学研究,进行技术革新的阵地。

分科阅览室的主要服务对象是科技工作者或高等院校的教师、研究生等。它的藏书主要是本学科的中、外文理论和技术专著以及相关学科的著作。还应较全面的收藏本专业的检索性工具,如:专业辞典、年鉴,手册、科技文献检索刊物、科技专题文献目录等。此外,本专业及相关学科的期刊也应收藏在内。这样,专业工作者来到阅览室后,既可以利用二次文献去检索本专业的文献资料,又可以广泛地阅览各种一次文献,如专著、期刊、会议文献、专利文献及标准等资料。这种将检索、借阅、咨询结合在一起的作法,很受科技工作者的欢迎。

分科阅览室应经常开展宣传工作。宣传的重点是本专业的新书、新刊及最新科学成就。采用的方法主要有:新书陈列、新刊报道及编制新书书目等。

分科阅览室应开展阅读辅导工作,重点是在检索方法上对读者进行辅导。此外,分科阅览室还应根据读者提出的咨询问题,利用各种工具书给予解答。还可根据本专业的客观需要,编制有关专题的书目、索引等。

根据上述工作内容,分科阅览室的工作人员应具有较高的水平。除具有图书馆学、目录学的知识外,还应懂得该专业的一些专门知识,只有这样,才能胜任分科阅览室的工作。

（2）按读者对象设置的阅览室

按读者对象设置的阅览室很多，如：

（a）教师阅览室：是各类型学校图书馆为了满足教师的教学或科研需要而设置的。有的图书馆将样本书库或文献检索室附于教师阅览室内。这样可使教师看到馆藏中最齐全的图书品种，便于利用各种检索工具查找资料，这对于教学和科研都是十分有利的。

（b）学生阅览室：是高等院校图书馆为满足学生的自学或阅读教学参考书而设置的阅览室。学生阅览室内除配备各种教科书、教学参考材料外，还应配备各基础学科、综合学科、新兴学科的书刊资料，以丰富学生的知识。

（c）少年儿童阅览室：专供少年儿童学习利用。少年儿童阅览室应根据不同年龄的少年儿童的特点，配备不同的图书、画册、连环画和报刊等，并适应孩子们的特点开展各种有益的读书活动。

（3）按出版物类型设置的阅览室

随着文献类型的发展和增长，按出版物类型设置的阅览室有增多的趋势。这种阅览室有：

（a）报刊阅览室：配备各种中、外文报纸、杂志供读者阅览。报刊阅览室一般将现期期刊开架陈列，供读者自由取用。过期期刊装订成册后，一般不再放阅览室陈列，但可供外借使用。报刊阅览室可利用黑板报、新刊陈列，报刊资料剪辑等各种方式广泛宣传报道、揭示报刊的内容。

（b）工具书阅览室和文献检索室

工具书阅览室配备各种工具书，以解答读者学习、研究中的疑难问题或用来提供资料线索。它的辅助书库主要收藏各种参考工具书，包括：中外文字典、辞典、百科全书，手册，年鉴、数据、公式、图表、规格、标准、人名录、地名录、机关团体名录、中外文译名对照表、地图以及大部头的丛书、多卷书等。

文献检索室是利用各种文献检索工具为科技人员提供国内外文献线索，寻找情报来源而设置的。它是为科研生产服务的重要阵地。

文献检索室的藏书除上述各种工具书外，主要收藏书目、索引、文摘等二次文献。书目包括中外书刊的出版目录、馆藏目录、联合书目、新书报道书目以及各种专题书目等。索引包括报刊论文索引、专题科技资料索引、专利文献索引等。文摘有报导性文摘和指示性文摘两种。

工具书阅览室和文献检索室应经常向读者介绍各种工具书或检索工具的性质、特点、使用范围及其编排、查找的方法。也可以在读者碰到问题时，告诉他们应当利用哪种工具去解决问题。还可以回答读者提出的口头咨询问题。此外，根据客观形势的需要，还可以自己编制一些专题书目、文摘、索引等。

(c)缩微资料阅览室：是专为利用各种缩微复制品而设置的。室内设有各种型号和用途的显微阅读机供读者利用。还要挂上黑布窗帘，以便显影清晰。桌上要设小台灯，以便读者在不影响影像光度的情况下摘抄资料。

缩微阅览室要经常进行辅导工作。对初来的读者，要辅导他们使用阅读机，介绍机器的特点及使用方法。还要介绍保护缩微品的常识，如：不要用手触摸胶卷或胶片的药膜等。

此外，还要开展缩微资料的目录宣传、代查资料及解答咨询等服务工作。

(d)视听资料阅览室

是专为利用各种视听资料而设置的。可分为集体视听室和个人视听室。集体视听室大的以容纳 60—130 人为宜，小的以容纳 20—50 人为宜。个人视听室一般是单独的小房间，或用隔音板隔开的个人座位。

视听阅览室应设有制作室、控制室和视听室三部分。制作室

92

备有录像摄制系统,电影、电视传送装置等。控制室设有一套调控设备,对制作室送来的各种信号进行编辑和控制,然后再把影像和声音传送到视听室。视听室设有彩色电视机和耳机,可以收看、收听从控制室传送来的各种影像和声音。

此外,还有善本书阅览室、舆图阅览室,金石拓片阅览室、盲文阅览室等,它们都属于按出版物类型划分的阅览室。

(4)按文字划分的阅览室

如外文书刊阅览室、少数民族语文书籍阅览室等。设置这种阅览室的目的是为了懂外文或少数民族语文的读者研究利用,同时也便于馆员进行专门管理。

(三)研究室

除上述各种阅览室外,一些大型图书馆还设有研究室,为从事某项专题研究的学者、专家服务。研究室一般规模较小,是根据科研课题的需要临时设立的。待一项科研任务结束后,研究室即撤销,或转给其他的科研课题使用。研究室可根据科研任务的特殊需要,从基本书库中提取有关的专门文献放在研究室中使用。科研任务完成后,仍归还基本书库。

阅览室的种类虽然很多,但并不是每个图书馆都要设置这么多的阅览室。一般来讲,中小型图书馆大多只设一个普通阅览室和报刊阅览室。大型图书馆可设置一些专门阅览室和参考工具书阅览室。分科阅览室虽然方便读者,但设置过多会使藏书和人力分散,反而不便读者利用。因此,各大型图书馆要根据本馆的具体情况、读者的实际需要、原有的藏书基础以及房屋、设备等条件,实事求是地确定阅览室的设置。

阅览室应根据本身的性质和服务对象的需要设置相应的辅助书库。辅助书库的藏书一般是选择适应阅览室的性质和需要的、科学价值较高的优秀书刊。辅助书库的藏书一般种类较多、复本较少。辅助书库要经常补充新书,对于陈旧过时的图书要及时剔除,归还基本书库,以保证辅助藏书的现实性。

阅览室的大小和人数应安排适当。阅览室大些,虽便于集中管理,但过大、读者过多,会使室内不安静,空气不新鲜。根据我国的情况,以容纳100—150人为宜。阅览室应以自然采光为主,为了使阅览室通风,保持空气新鲜,宜两面开窗。阅览室的墙壁上可适当张贴一些语录或图书宣传画,以烘托读书气氛。

二、外借服务

外借处是办理图书外借手续的地方。读者由于工作或居住条件的限制,很多人不可能经常到图书馆来利用阅览室。图书馆也由于条件或设备的限制,不可能设置足够的阅览室供所有的读者学习研究之用。借书处就是为了满足读者将书刊借出馆外阅读的需要而设置的。

1. 外借处的特点

(一)外借处拥有一套读者登记档案,具有了解读者、研究读者的有利条件。馆员通过读者登记档案,可以了解全馆读者队伍的基本情况,他们的阅读兴趣、特点和趋势等。

(二)外借处根据读者提出的具体要求,将书籍借给读者,这种提供文献的方式对于满足读者的特定需求有着重要的意义。外借处在提供文献时,应作到迅速、准确、有条不紊。

(三)外借处在日常的借书、还书工作中经常接触读者,最能了解读者阅读需求的状况、发展和趋势,这对外借处来讲,是开展文献提供和宣传辅导活动的基础,对全馆其他部门来讲,是了解读者反馈信息的重要依据。

2. 外借处的设置

不同类型的图书馆根据其性质、读者对象和各种具体条件可设置不同种类的外借处。一般来讲,有普通外借处,分科外借处和分读者的外借处。

（一）普通外借处：又称总出纳台。是利用本馆的基本藏书，为全部或大部分读者服务的基地。总出纳台除对读者个人办理借还图书的业务外，还对本馆各分科借书处或各阅览室办理提取图书的业务。

（二）分科外借处：是将社会科学书籍、文艺书籍或科技书籍分别设置外借处。设置这种外借处可以便利读者借阅某些学科的书籍，便于馆员熟悉藏书，并可减轻普通外借处的压力。

（三）分读者的外借处：是为不同类型读者而设置的。如高校图书馆的教师外借处、学生外借处，公共图书馆的少年儿童外借处等。这种外借处的服务对象单一，便于掌握其阅读特点，有针对性地开展服务工作。

3. 外借处的结构

外借处的结构由下列三部分所组成：

（一）出纳台：出纳台是办理借书、还书的地方。出纳台靠近书库，以便取书、归架。出纳台存放着读者外借图书的记录，可以反映读者的借书情况。

（二）书库：无论哪种外借处均应设有书库。馆员根据读者填写的索书条从书库中提取各种书籍借给读者。读者还回的书籍应及时归库上架。

（三）目录室：目录室也是外借处的有机组成部分。它应设在靠近出纳台的地方，以便读者查找。关于目录室的组织问题将在第四节中详细论述。

三、复制服务

复制服务是以文献复制为手段来为读者服务的一种方式。

1. 复制服务的作用

（一）复制服务是迅速传递科技情报的重要手段。现代科学技术的发展日新月异，一些新成果、新技术，如果等待印成出版物，将会落后于形势。而采用复制方法,可将国内外最新科技成果的情报及时传递给读者。因此,文献复制是加快情报传递和文献交流的重要手段,也是解决印刷能力不足的辅助方法。

(二)复制服务是图书流通的一种重要方式,它也以提供一次文献为主。通过复制服务可提高书刊的利用率。科技工作者所需的文献资料范围广、品种多、内容专深。他们常常不是阅读整本的书刊,而是只需要其中的片断或部分章节。如果让他们长期占用大量的书刊,必然会影响书刊的利用,影响其他读者使用。而采用复制方法可以有效地解决这个问题。

(三)可节约读者摘抄文献的时间。由于汉字书写复杂,读者常为摘抄文献而苦恼。而且用人工抄写,不仅费时、费事,还容易出错。用复制方法不但迅速省事,而且可避免错误。

(四)可以有效地获得难得文献。有些珍本书、丛书、外文原版书刊一般不外借,当读者很迫切需要这些书刊时,则可用复制方法使读者获得复制件。这样既可满足读者的需求,又可保证藏书不受损失。对图书馆来说,通过复制方法可搜集和补充到一些难得的书刊资料,或本馆的缺藏书刊,因而也是补充藏书的一种重要手段。

(五)图书馆采用复制方法,可以扩大服务范围。一方面它可配合文献检索和参考咨询工作,为读者最终获得原始文献服务。另一方面,它可取代部分馆际互借甚至国际互借的业务。有些单位或外地图书馆来函要求复制本馆的某些文献,这种服务实际上是将馆际借书与复制服务融为一体,因而是扩大服务范围的一种有效措施。

2. 文献复制的方法

文献复制的方法主要有两种:缩微复制和静电复制。缩微复制多用于文献资料的补充和保存。静电复制多用于文献资料的传递和流通使用。

3．复制服务的工作程序

复制服务的工作程序包括：文献检索，图书出纳，文献复制以及收发、财务管理等。

（一）查找文献：复制室根据读者来函或来人提出的要求，利用馆藏卡片目录查出索书号，并填写索书单。有时读者提出的要求是丛书中的一种或期刊中的一篇文献，那就还需要利用各种书目、索引替读者检索出有关的文献。

（二）借出书刊：要填写复制取书单，替读者从书库中提取有关的书刊，办理书刊外借的手续。

（三）文献复制：填写复制单，进行文献复制操作。

（四）收发函件和财务管理。办理复制件的外寄业务及有关的财务管理手续等。

由此可见，复制服务是一项多功能的综合性的服务方式。这种服务方式深受读者的欢迎。

国外有些图书馆在阅览室内设有自动复印机。读者投入一定数量的硬币，机器即可自动复印。这种服务方式由读者自己查找文献、自己进行复制，不需要再经过馆员的服务，因而手续更为简便。

四、馆际借书服务

馆际借书是图书馆之间利用对方的藏书来满足读者需要的一种服务方式。

1．馆际借书的作用

（一）馆际借书可以满足读者的多种需求。各图书馆由于本身的性质和藏书采购上的分工所限，即使藏书比较丰富，也难尽收国内外的各种书刊资料，很难完全满足读者的多种多样的需求。因此，当读者特别需要某种文献，而本馆未入藏时，可通过馆际互借的办法互通有无，以充分满足读者的需求。馆际借书是减少拒绝率的有效措施之一。

（二）馆际借书可使一馆之藏书变为全国之藏书,使一本书只在一个馆或一个地区发挥作用,变为在全国甚至在国际上发挥作用。所以馆际借书是充分发挥藏书作用的有效措施,也是实现资源共享的重要手段。

有些地区在各类型图书馆之间不仅开展馆际借书,而且开展馆际阅览工作。他们为科技工作者发放本地区范围内的通用阅览证,读者可到各图书馆的阅览室去翻阅文献资料。这种办法颇受读者欢迎。

2. 馆际互借的协定

建立互借关系的图书馆,对互借书刊的范围、办法等应共同协商,制订馆际互借规则。其主要内容包括:

（一）建立馆际互借的目的;

（二）馆际互借的服务对象;

（三）互借双方共同遵守的权利和义务;

（四）互借关系的有效期限;

（五）馆际互借的手续或邮寄办法;

（六）借书范围、数量、期限以及损坏、遗失的赔偿办法;

（七）馆际互借的其他事项。

除了互借馆之间制订馆际互借规则外,各馆还应制订本馆读者利用馆际借书办法的规定,并须配备专人负责馆际互借的各种工作。

3. 搞好馆际互借的条件

（一）做好馆际互借首先要求各馆,特别是大型图书馆,要有协作的精神,要互相支持,互相帮助。

（二）双方要共同遵守馆际互借的规章制度,要讲求信用。

（三）要掌握对方的藏书情况和特点,善于利用各种联合目录、馆藏目录、新书通报等查找友馆的文献资料。

（四）必须指出，馆际借书只是解决生产或科研中的急需的文献，而不解决广大读者的一般借阅要求。

（五）对本市以外的图书馆进行馆际借书时，可采用邮寄借书的办法。邮寄借书（或称通讯借书）不仅面向外地的图书馆或机关团体，有时也面向外地的读者个人。有些图书馆根据一定的规则和手续，也为外地的个人读者办理邮寄借书工作。

五、馆外流通服务

馆外流通是深入基层的主动服务的方式。图书馆根据广大群众的需要，抽出部分馆藏书刊送到厂矿、农村、学校、机关或各种活动场所，为不便来馆借书的群众服务。馆外流通服务是扩大图书馆的服务面，活跃群众文化生活，密切图书馆与群众联系的重要方式。公共图书馆和基层图书馆经常采用这种服务方式。

馆外流通的方式很多，主要有：

1. 图书流通站

公共图书馆为了扩大服务，提高服务的覆盖面，在本馆所属的服务范围内，在一些缺少书刊的工厂、农村、学校、居民点建立图书流通站。图书馆挑选一批（几十本或上百本）思想性强、内容生动活泼、具有科学价值的各类书刊借给流通站，再由流通站的业余图书管理员将这些书借给本单位或本地区的群众阅读。

办好图书流通站有几个重要环节：

（一）当地领导要重视图书工作，并能取得共青团、工会、妇联等群众组织的支持和帮助。

（二）图书流通站的一切工作都要依靠业余图书管理员来进行，因此，在建立流通站的过程中，必须选择思想好、热心为群众服务、具有一定文化水平的、社会工作兼职不多的人担任业余图书管理员。

（三）图书馆的业务辅导工作对于图书流通站的巩固与提高

起着重要作用。图书馆必须抽出一定的人力,经常深入各流通站进行辅导,帮助他们总结经验、开展工作。还要定期举办业余图书管理员培训班或经验交流会,以推动流通站的工作不断深入和发展。

(四)图书流通站的图书要切合读者的实际需要,并经常调换更新。只有这样,才能吸引群众,受到群众的欢迎。

2.巡回流通

图书馆利用流动汽车、流动三轮车、文化箱等工具,将政治、文化、科学、技术、文艺等各类书刊送到距离图书馆较远的农村、厂矿等边远地区,满足因条件限制不能来馆借阅书刊的群众需要。这种方式占用图书馆的人力不多,但能机动灵活地为广大地区的群众服务,因此是一种扩大图书流通范围的有成效的馆外流通方式。

流动书车采用定时、定点的办法巡回送书。一般在事前确定好巡回送书的路线。各送书点掌握了流动书车到达的日期后,可于事先准备好待归还的图书,等书车到来后,归还看过的书,再借另外的图书。

有些图书馆将流动书车巡回送书与图书流通站结合起来,为图书流通站定期更换图书,并辅导图书流通站开展各种图书活动。

此外,还有流动书箱、家庭文库等馆外流通方式。总之,馆外流通的方式很多,每种方式各有特点。公共图书馆应根据当地群众的实际需要,根据本馆的藏书数量和业务辅导力量,实事求是地、因地制宜地采用不同的方式方法开展馆外图书流通工作。

第三节　文献提供方式

在图书流通工作中,文献提供方式不仅关系到藏书能否充分地利用,读者能否方便地使用,也关系到馆员的工作效率。所以,文献提供方式是读者和馆员都比较关心的一个问题。

文献提供方式概括起来有两种:开架提供和闭架提供。开架方式中又有全开架、部分开架、半开架之分。

一、闭架方式

闭架方式有利于藏书的保护。在注重保存图书的情况下,图书馆大多采用闭架式。采用闭架式,读者不能直接到书架上挑选图书,必须通过目录和馆员作媒介,才能借到书刊,因此,不仅手续繁琐,等候取书的时间很长,而且读者仅凭目录很难了解一种书的全貌。所以,在闭架情况下借出的书籍带有很大的盲目性,常常不是最能符合读者需要的。此外,馆员在闭架的情况下忙于进库取书、归架,工作量很大,因此很难抽出时间和精力开展宣传辅导工作。

二、开架方式

开架方式是近年来国内外普遍采用的文献提供方式。

1. 开架借阅的优缺点

(一)开架借阅的优点:

(1)开架借阅时,读者可以直接从书架上挑选自己所需要的书刊,不再需要经过目录和馆员作媒介,因而可以减少闭架借书时的盲目性,并可简化借书手续,缩短借书时间。

(2)开架借阅使读者能够接触大量的书籍,因而可以开阔读者的眼界,提高读者的阅读兴趣和求知欲望。

(3)开架借阅时,可供读者选择的书刊范围广阔,如果读者原来想借的书刊已被借出,可在书架上选择内容近似的同类书刊或其他书刊,从而大大降低了拒绝率。

(4)开架借阅可提高书刊的利用率。一部分闭架时不被读者注意的呆滞书刊,开架后可被读者发现并利用。

（5）馆员可从进库找书的繁忙事务中解脱出来，有较多的时间接近读者，了解读者的阅读需要，开展宣传辅导和解答咨询等工作。

（二）开架的缺点：主要是乱架、破损和丢失，不利于藏书的保护。

由此可见，开架的优点正是闭架的缺点，开架的缺点正是闭架的优点，两种文献提供方式各有长短。但从便利读者，充分发挥藏书作用来看，开架的优越性远远大于闭架。

2. 开架的组织工作

开架组织工作的好坏，直接影响着开架的效果。开架组织工作包括：

（一）开架书刊的选择和加工

开架虽有极大的优越性，但并不是所有的书都能开架。一般来讲，内容反动、淫秽的书刊；内部书刊；珍本图书；内容陈旧，失去现实意义的书刊以及视听资料等均不宜开架借阅。

为了便于读者识别和归还图书，有些图书馆将开架书刊贴上不同的颜色书标，使书籍在书架上一目了然。开架后为了减少书籍的损坏，有些图书馆对开架书刊一律加上硬纸封皮，以保护书刊。

（二）开架图书的排架

开架图书一般采用分类排架。此外，根据客观需要，还可以组织专题排架。对于新到书刊，可组织新书陈列专架来进行宣传。

（三）制订一套完整的管理制度是搞好开架的重要保证。开架书库一般禁止携带书包入内。进门时要用借书证换取入库证。为了防止乱架，有些图书馆在读者进库时发给"代书板"，读者从书架上取出一书，即用一个"代书板"代替。归还图书时，再取下"代书板"。如果准许开架书外借，应办好借书手续才能将书带出库外。

（四）开架图书的目录组织

开架后，由于读者可直接从书架上选择书刊，因此，利用目录的人会相对减少，这是正常现象。但开架后目录仍起着一定作用，这是因为：

（1）当读者在开架书库中找不到某书时，可利用目录确定该书是否已入藏及其在书架上的位置。

（2）一种图书在书架上只能根据排架号占据一个特定的位置。而一种图书在目录中则可通过互见、分析等方法，从不同的角度重复反映出来。所以，即使在开架的情况下，目录的使用也是不能削弱的，它可以帮助读者从多种途径去查找自己所需要的文献。

综上所述，只要加强管理，开架的缺点是可以克服的，而开架的优点则可充分发挥出来。

三、半开架方式

半开架是介于闭架和开架之间的一种方式。半开架是将书籍陈列在带有玻璃的书架里，书背向外，玻璃中间留有一条空隙。读者能看到书名和书的外形，但不能自取。借书时，读者从玻璃空隙中指明要借哪一本书，由馆员取出后，再借给读者。这种方式可使读者省去查找目录，填写索书条，等候取书等手续。半开架应选择读者密集使用的书籍，如新书籍、反映时代特征的书籍、文艺书籍以及外语学习书籍等。这种借阅方式较适用于大众读者或少年儿童读者。

第四节　目录室的组织

图书馆目录是揭示图书馆藏书的工具，是馆藏文献的缩影，也是读者打开馆藏文献宝库的钥匙。

在闭架借阅的情况下,读者借书前首先要翻阅图书馆目录,通过目录找到自己所需要的书籍,然后填写索书条,才能到出纳台去借书。在开架借阅的情况下,图书馆目录作为多途径的检索工具,也是读者经常利用的。

大型图书馆多设有目录室。中、小型图书馆在借书处附近设有目录柜。此外,各阅览室也设有反映辅助藏书或开架书刊的目录,供读者查阅使用。

一、读者目录的种类和目录的组织

图书馆根据读者查书时经常采取的途径,分别编制书名目录、著者目录、分类目录和主题目录。

1. 书名目录

书名目录是根据书名而组织起来的目录。它能回答读者按书名找书的问题。读者如果已知道一种书的书名或者它的别名、简名,就可以使用书名目录去查找。

2. 著者目录

是按著者的姓名组织起来的目录。著者目录可以解答三个问题:

(一)找某位著者的某种著作;

(二)找馆中所藏某位著者的所有著作;

(三)找某位著者用某种方式(如著、编、译、注等)发表的著作。

只要知道某著作人的姓名或笔名,就可以用这种目录去查找。

3. 分类目录

分类目录是按科学分类体系,分门别类地组织起来的目录。它的主要作用是回答读者:

(一)关于某一门学科或其中的一个问题有些什么著作;

(二)这门学科或这个问题从属于哪个学科或哪个大问题,其中有哪些著作；

（三）这门学科或这个问题本身又包括些什么分支学科或小问题，其中又有什么著作。

分类目录的主要作用是供不知具体书名，但需了解或查找某一学科或其中的一个分支的有关资料之用。它是进行科学研究的一种重要工具。

4.主题目录

是根据图书内容的主题，按字顺组织起来的目录。它表明每个主题有些什么书籍，可以回答读者按照一定的题目查找图书的问题。主题目录是查找科技文献资料的重要工具。

上述四种目录中应用较多的是前三种。主题目录在我国图书馆中应用较少。

这四种目录基本上按照两种方式组织起来：一种是字顺的，一种是系统的。书名目录、著者目录、主题目录都是按字顺组织起来的目录。它们都是按照标目上的"字"的顺序排列起来的。经常采用的查字方法有：笔画笔形排检法、四角号码排检法、部首排检法以及汉语拼音排检法等。目前各图书馆采用汉语拼音排检法的较多，笔画笔形排检法也有一定的群众基础。

分类目录是按照图书分类体系组织起来的系统目录。分类目录的结构必须反映图书分类法的结构。在同一类目内的图书，再按著者号码或图书到馆的顺序号排列。

二、目录宣传工作

由于目录的种类很多，它们的组织方法又各不相同，因此应大力开展目录宣传工作，以便指引读者利用各种目录。

目录室的宣传工作包括：

第一，设立目录放置位置的示意图，指明在目录室内、中文目录、外文目录各放在什么位置，各文种目录内的书名、著者、分类、主题目录各放置在什么位置,使读者很快找到他所需检索的目录柜。

第二,编写本馆目录介绍,包括本馆的目录体系、目录种类、各种目录的组织方法及使用时的注意事项等。

第三,编写目录使用方法的说明。在书名、著者或主题目录柜上,应设置检字方法的说明;在分类目录柜上,应列举本馆所用分类法的基本类目和各大类的类目表及其标记符号。以便读者检索书刊。

第四,在目录柜上应加标志。首先注明它是哪种目录。其次,在目录抽屉上均应加标志。如果是分类目录,应注明在本抽屉内放置的是哪一类书籍的卡片。如果是书名、著者、主题目录,则应注明该抽屉内放置的是以哪几个"字"为标目的卡片。以便读者识别。

第五,此外,还应经常进行新到书籍的卡片目录的展示,各种专题书目、推荐书目的宣传,以及开辟目录使用方法的宣传专栏等。

三、查找目录的辅导工作

大型图书馆在目录室内多设有咨询处,或配备专人对读者进行查目辅导工作。目录辅导工作的任务主要是向读者宣传目录知识;辅导读者学会使用各种目录;接受读者的目录咨询;帮助读者查找文献资料等。目录辅导工作的好坏,对于馆藏文献的充分利用有直接的关系。

为了帮助读者学会利用图书馆目录,有些图书馆对新到馆的读者举行"目录使用法"的报告或讲座。如高等院校图书馆在新生入学后组织他们参观图书馆,并介绍图书馆各种目录的使用及其检索方法。除集体辅导外,还可针对个别读者的实际情况进行个别辅导,帮助他们利用目录查找文献,在实践中辅导读者学会使用目录。

目录辅导工作的最终目的在于帮助读者有效地利用馆藏文献,因此,当读者提出咨询问题时,馆员应当利用各种目录,从多种途径,例如分类途径、主题途径、著者途径或书名途径等,帮助读者检索出所需的文献。如果从卡片目录中找不到有关的文献时,还可以利用联合目录、出版目录以及各种专题书目去查找。

必须指出,目录辅导工作不仅在目录室进行,在各个阅览室也应根据读者的不同需要和情况,有针对性地开展目录辅导工作。

第五节 图书流通业务工作内容

图书流通的业务工作主要包括两方面的内容:一是组织读者队伍,一是组织图书流通服务。此外,为做好图书流通工作,还须开展宣传辅导工作以及制订必要的规章制度等。

一、发展读者、组织读者队伍

各类型图书馆为了确定本馆的服务对象,加强对读者的研究,密切与读者的联系,在开展外借工作之前,要根据本馆的性质、任务,有目的的、有计划地发展读者、组织读者队伍。这是图书馆与读者建立联系的第一步,也是做好图书外借工作的前提。

各类型图书馆由于任务不同、服务对象和服务重点不同,因而发展读者、组织读者的方法也各不相同。高等院校图书馆和科研系统图书馆的发展读者工作比较简单,凡是本校的师生员工或本科研单位的工作人员,都是本馆的服务对象。但也要通过读者登记工作,发给借书证以后,才能持证来图书馆借书。公共图书馆的服务对象比较广泛、复杂,要求借书的人又很多,因此需要根据本馆的条件和客观需要情况,确定发展读者的计划,然后有目的地将符合本馆服务对象的人发展为读者。

下面着重谈谈公共图书馆发展读者的工作。

1. 有计划地发展读者

由于各馆的规模、藏书数量和特点各不相同,所以发展读者既要照顾到读者的客观需要,又要考虑到图书馆的实际情况。发展读者过多,没有一定的图书保障率,会产生供不应求的现象,使拒绝率增高。而发展读者过少,藏书得不到充分的流通使用,图书馆的作用也难以充分发挥。一般来讲,发展一个读者至少应有五至八册图书作为保障。除此之外,还要考虑到馆员的数量和工作的熟练程度。发展读者时,还要根据本地区的政治、经济、文化的特点和发展趋势,确定重点服务对象,以利于完成图书馆的重点任务。

为此,发展读者时应制订一个计划,其中包括:(一)发展读者的总数;(二)发展重点读者的数量及各类型读者的比例;(三)发展读者的组织工作和读者登记工作。

发展读者的组织工作非常重要。由于发展读者的数量有限,而需要利用图书馆的人又非常多,因此应将最需要利用图书馆的人发展为本馆的读者。例如,有些大型厂矿、企业、机关,本单位的图书馆(室)藏书比较丰富,基本上能满足科研或生产的需要。而一些小型厂矿或单位没有图书馆(室),那么就应将本单位缺少图书资料的人发展为读者。有些待业青年渴望学习,他们没有其他地方能够得到所需的书刊资料,公共图书馆也应将他们发展为读者,为他们自学成才创造条件。

2. 发展读者的方法

目前公共图书馆发展读者的方法大体上有两种:

(一)读者申请。读者持本人身份证件或单位的介绍信到图书馆申请办理借书证或阅览证。这种申请的办法有的图书馆集中在几天之内办理。集中办理时,由于来申请的读者过多,容易造成工作繁忙紊乱,形成人为的紧张气氛。有的图书馆采取经常性办理的方法,这样可以使发展读者的工作做得周密细致。有的图书馆对申请来馆借书的读者,先让他填写一张表格,写明本人的各种情况,然后由图书馆选择审批,同意后即可办理读者登记手续。这种办法可优先照顾到重点读者,把各行各业的骨干分子发展为读者,因此能够较合理地组织读者队伍,较合理地分配借书权利,从而提高读者队伍的质量。

(二)采取分配办法。将读者登记卡发至各机关、工厂、研究所、学校等单位,由单位再分配给个人。这种办法虽然图书馆可减少一些矛盾和压力,并使远近各单位都可以照顾到,但其缺点很多:①各单位分配借书证时,往往发给自己熟识的人,而最迫切需要利用图书馆的人却领不到借书证。领到借书证的人又不常来图书馆借书,造成借阅率下降。②按单位分配借书证时,一些小单位和待业青年被拒于图书馆之外,得不到借书的权利。所以这种办法弊病较多。

3.读者登记

发展读者是通过读者登记来实现的。读者登记制度是了解读者、研究读者的有效措施,也是进行各种读者统计的重要依据。

读者登记时应填写读者登记卡。其中包括姓名、年龄、职业、工作单位、住址、文化程度、所学专业、借阅书刊的主要范围以及个人阅读爱好等。读者登记卡应按姓名字顺排列起来,编成读者档案,存放在外借处。根据读者档案,可以了解全馆读者队伍的基本情况,并可据此分析研究读者的类型、数量、比例及特点等。

4.读者重新登记

由于读者的情况经常发生变动,所以经过一定时间(一年或二年)必须进行读者重新登记。重新登记的办法有两种:①借书证上印明有效期限,到期核对;②事先通知读者在一定时间内来馆重新登记。重新登记时,读者的借书证应重新编号,以便掌握读者的新情况,并重新统计读者的成份和数字。在进行重新登记时,可向读者了解利用图书馆的情况,征求读者对图书馆工作的意见和要求,并将这些意见记录在读者登记卡上,作为今后改进工作和加强阅读辅导的依据。

二、图书出纳工作

1. 图书出纳工作的要求

图书出纳一般以提供原始文献为主。它是借书处、阅览室的重要业务工作内容。图书出纳工作每天要接待许多读者借书、还书,工作复杂而繁忙,因此,做到迅速、准确、有条不紊,这既是对图书出纳工作的要求,也是衡量图书出纳工作质量的标准。

(一)迅速:要争取用最快的速度,最简便而科学的方法,使读者用最短的时间借到他所需求的书刊。

(二)准确:包括两方面的含义:一是要针对读者的特点或特殊要求,对准读者需求的口径,有区别地服务;一是指出纳工作的准确性,包括从书库中提取书刊的准确性、外借手续和外借记录组织中的准确性等。

(三)有条不紊:各项工作都要按照一定的规程和制度有秩序地进行,避免工作中的混乱和差错。

2. 图书出纳方式

图书出纳的方式可分为下列几种:

(一)个人外借

个人外借是图书出纳的主要的、基本的方式。每个读者的需求不同,兴趣和爱好也各不相同。通过个人外借可使每个读者借到最符合自己心意的书刊,因此是贯彻区别对待原则,满足读者千差万别需要的重要方式。

(二)集体外借

集体外借有两种:一种是以厂矿、机关的名义借书;一种是以小组（如读书小组、书评小组、班级小组）的名义借书。集体借书的好处是：①能够合理地分配图书，在一定程度上可以解决部分图书供不应求的矛盾。②可以加快图书的周转率，提高书刊的利用率。③便于因各种原因不能来馆借书的读者利用图书馆的藏书。

办理集体借书时，应持本单位的介绍信提出申请，填写集体借书登记表，经图书馆同意后发给集体借书证。集体借书单位必须指定专人负责借还图书。

（三）预约借书

当读者迫切需要某种书刊，而这种书刊已借出时，为了满足读者的需要，可采取预约借书的办法，待书还回后再通知预约的读者来借。预约借书是减少拒绝率，体现千方百计为读者服务精神的一种有效措施。

3. 借书记录及其排列方法

图书出借以后，馆员须将书袋卡、借书证（或借书卡）、索书条分别排列起来，做成借书记录，以备图书归还时或进行统计时查用。

完善的借书记录应当能够回答三个问题：

第一，某读者借去了哪些书，反映一个读者的借书情况；

第二，某书被谁借去了，反映图书的去向；

第三，哪一天应有哪些书要归还，反映图书的借还日期。

为了回答这三个问题，各图书馆根据自己的情况，分别采用单轨制、双轨制、三轨制的排列方法。

（一）单轨制（或称单卡制）排列法

单轨制排列法是将书袋卡与读者借书证夹在一起，排成一套借书记录。单轨制的排列方法有三种：一种是按还书日期排，同日期内再按读者借书证的号码排。这种方法只能查出哪天有哪些书应该归还，知道了还书日期也能查出某个读者的借阅情况，但是不能查出某本书的去向，急需的书无法催还，因此采用这种方法无法实行预约借书。但这种方法手续简单,故目前许多公共图书馆采用。另一种是按索书号排列。这种方法能迅速查到某种书的去向,但查不出哪天应有哪些书到期,也查不出某读者借了哪些书,故一般不采用这种排法。第三种是按借书证号码排。

(二)双轨制排列法

把借书证和书袋卡分别排成两套记录,叫做双轨制。具体排列办法有两种:一种是书袋卡按索书号排,借书证按还书日期排,同日期内再按借书证号码排。这种排法能查出某书的去向,某天应有哪些书该归还,知道了还期也能查出某个读者的借书情况。另一种排列法是将书袋卡仍按索书号排,借书证按其号码排。这种方法可查出某书的去向,某读者的借书情况,但不能查出哪一天应有哪些书归还。这种方法较适用于借期较长的专业图书馆或高等院校图书馆。

(三)三轨制排列法

把书袋卡按索书号排,借书证按其号码排,索书条按还书日期排,这样能分别回答上述提出的三个问题,是较完善的借书记录。但这种排法手续烦琐,一般图书馆很少使用。今后如果将计算机用于图书流通工作时,可由计算机自动排序,三轨制能够回答的问题将可全部由计算机作出答复。

三、借书处阅览室的宣传辅导工作

图书流通工作不能仅限于借书还书、提供文献,还要进一步开展宣传辅导工作,这是提高图书流通工作质量的重要方面。

图书流通部门每时每刻都要接触大量的读者,因此最能摸到读者需求的脉搏,掌握读者需求的动向,有最方便的条件向读者宣传推荐书刊,指导读者阅读。

图书流通部门为使读者了解藏书,接近藏书,可以经常举办新书陈列或小型的专题图书展览等宣传活动。在出纳台或阅览室,当读者要借的书刊已被借出时,除采用预约借书办法外,还可以向读者推荐内容相近似的其他书刊来满足读者的要求。对于那些没有具体的借书目标的读者,可利用馆藏目录或其他的推荐书目向读者推荐书刊,引导他有目的、有计划地去阅读。此外,还可以解答读者提出的口头咨询问题。这些多样化的宣传辅导活动也是千方百计满足读者阅读需求的重要措施,是图书流通业务工作的重要内容。

四、规章制度的制订与执行

图书流通的规章制度是指导借阅工作的准则。根据这个准则,可以使读者明了自己在图书馆使用书刊资料的权利和义务,保持读者与图书馆之间的正常的借阅关系。也可以使图书馆的各项服务工作按照一定的原则、程序和方法有秩序地进行,保证工作顺利地开展。还可以使藏书既不受损失,又方便读者使用。

借阅规则的内容一般包括:借书人的资格;借书的范围;借书的册数和期限;损坏赔偿和逾期不还的处理办法;借阅书刊应注意的事项等。

拟定借阅规则时,要根据各馆的方针任务和区别对待的原则,分别规定不同类型的读者所能享用的不同的借阅条件,以及不同内容的书刊资料所采用的不同借阅方法等。借阅规章制度应该用口头的或书面的方式广泛地进行宣传,以使读者充分了解,并自觉地遵守。

借阅规章制度一经讨论通过,必须严格执行,否则就失去了开展借阅工作的依据和准则。

五、拒借与逾期问题

拒借与逾期不还是图书流通业务工作中经常遇到的两个问题。下面分别进行一些分析。

1. 拒借问题

所谓拒借是指图书馆由于种种原因未能满足读者的借书要求,使读者借不到自己所需要的书刊资料。拒借数量在全部借书数量中所占的比例叫拒绝率。拒绝率的高低在一定程度上反映了一个图书馆读者服务工作的质量。

拒借的产生有主观原因,也有一定的客观原因。

(一)客观方面的原因

第一,由于本馆的性质所决定,有些书刊不属于本馆的收藏范围。或由于采购经费所限,无法购买。

第二,有些"热门书"在某一时期需要量过大,而图书馆的复本有限,不能完全满足要求,因而产生拒借现象。

第三,有些新建馆或历史较短的图书馆,由于藏书基础较差,因而产生拒借。

(二)主观方面的原因

发生拒绝现象的主要原因还是图书馆主观方面的原因所造成的。图书馆各个部门的工作缺陷均可能造成拒借现象。如:

第一,采购方面:由于图书采购目的不明确或购书不当,使应该收藏的书没有收藏,或由于缺购、漏购等原因,造成读者需要的书缺藏。

第二,编目方面:由于目录组织不健全,造成"有书无片"或"有片无书",使读者查不到或借不着所需图书。或由于分类错误、著录事项不健全、目录缺乏必要的指引标志等,也会造成拒借。

第三,典藏方面:书库排架混乱或插错地方,馆员从书架上找不到书,或图书归还后未及时上架,这些都会造成拒借。

第四,图书流通方面:其原因很多:①借书规则订得不够合理,借期过长或借书册数过多,使大批图书长期积压在读者手中,因而容易产生拒借;②查目辅导工作不经常、不深入,读者由于不会使用目录或填错索书单而造成拒借;③借书记录不健全,不能反映出图书出借的情况,无法实行预约借书等。

由此可见,图书馆任何部门工作的疏忽或漏洞,都会造成拒借现象。但是图书流通部门工作的差错和服务态度是造成拒借的主要原因。因此要减少拒借现象,也要图书流通部门多做一些工作。

(三)减少拒借的措施

第一,整顿目录、整顿藏书,使书卡相符,排架正确,归还的图书及时上架,这是减少拒借的基础。

第二,加强辅导工作,包括辅导读者使用图书馆目录,向读者推荐新书或用同类书代替拒借的图书,以减少拒借现象。

第三,开展文献复制、预约借书、馆际借书等服务工作,对某些有特殊需要的读者尽可能降低拒绝率。

第四,加速图书周转,改善服务态度,提高服务质量,这在一定程度上也可以减少拒借。

第五,办好开架阅览室,这是减轻外借处的压力,减少拒借现象的有效措施。

第六,馆员加强对读者用书规律的研究,经常分析产生拒借的原因,并从中找出减少拒借的办法来。

2.逾期不还问题

如果说拒借是读者借书时存在的问题,那么逾期不还就是读者还书时存在的问题。产生拒借的矛盾主要方面在馆方,而逾期不还的矛盾主要方面就转到读者身上了。逾期不还会影响图书的再流通,使借与还的流通过程阻塞。逾期不还,图书长期积压在读者手中,这也是产生拒借的重要原因之一。

产生逾期不还有很多原因,主要有:

(一)读者所借的图书是他需要经常参考或长期阅读使用的,因此有意不还。

(二)所借图书虽经续借但仍未看完,又怕还回后再借时借不到,故拖延不还。

（三）所借图书是所谓"热门书"，借去后读者私下转借，一时无法收回。

（四）读者不重视图书馆的规章制度，书已看完多时，忘记归还图书馆。

（五）读者因病或因公出差，不能按期归还。

（六）图书遗失，无法归还。

从上述原因来分析，有些是读者的思想问题，有些是读者存在的具体问题或困难，因此在解决逾期问题时，应该具体情况具体分析。总的来说，应以加强教育为主，要经常进行借阅规则和制度的宣传教育，要定期进行催还图书的工作。近年来，有些图书馆采取逾期停止借书权利的办法，或采取经济手段予以罚款。这些办法各馆可根据具体情况酌情采用，但总的精神应立足于对读者的教育。

参考文献

1. 论图书流通工作　潘鈜、张国英　《江苏图书馆工作》　1981 年第 2 期

2. 图书流通学初探　朱立文　《福建图书馆学通讯》　1982 年第 4 期

3. 对改革大型公共图书馆借阅工作的探讨　郭成斌　《图书馆学刊》 1980 年第 3 期

4. 高校分科阅览室　王戎辰　《吉林省图书馆学会会刊》　1981 年第 2 期

5. 有关建立大型综合科技文献检索室的几个问题　北图科技阅览室 ·《北图通讯》　1981 年第 1 期

6. 公共图书馆几种借阅方式的比较　陆建志　《图书馆研究与工作》 1983 年第 1 期

7. 从开架实践中谈开架　王可权　《江苏图书馆工作》　1981 年第 4 期

8. 公共图书馆办理个人借书证探讨　李昌杰　《四川图书馆学报》 1981 年第 4 期

9. 省馆读者目录工作小议　孙晶　《云南图书馆》　1983 年第 3 期

10. 试论来函委托文献复制工作　石酉先　《北图通讯》　1983 年第 3 期

11. 拒借率及其降低措施浅析　焦健　《图书馆学研究》　1983 年第 3 期

第五章　情报服务

第一节　情报服务概说

一、图书馆情报服务的缘起与发展

图书馆读者工作的重要职能之一,是通过文献资料的传递和使用,传播文化知识,交流科学技术情报。

然而,随着科学技术的迅速发展,文献资料急剧增长,不仅数量庞大,而且类型复杂,出版分散,交叉重复严重,新旧更替加快。这给人们查找和使用文献带来巨大的困难。读者为迅速、准确地获取所需情报,就要求图书馆将大量而复杂的文献资料经过整理、加工和分析研究,进行筛选,以满足他们对文献资料的特定需求;图书馆为使有价值的文献资料能及时发挥作用,就需要从大量文献中进行选择,并主动提供给有关读者;此外,读者在阅读文献过程中还往往遇到一些问题,请求图书馆帮助解决。在这种情况下,单纯依靠传统的被动式的借阅流通手段,显然很难满足读者的情报需求。

随着图书馆传递情报职能的不断加强,读者工作中出现了情报服务的内容与方式,并在实践中不断完善与丰富。目前情报服务已成为图书馆读者工作中一个重要的部分。

图书馆的服务内容与方式,是随着社会经济、科学、文化以及图书馆事业的发展和读者需求的增长而不断发展与丰富的。自十九世纪中期以后,由于文献资料的增长给人们带来利用上的困难,图书馆开始把工作重点转向文献资料的科学管理(如编制图书分类法、制订编目条例等)以及提高书刊利用率方面。此时,除采用借阅流通这一基本服务方式外,还开展了"参考服务"。大约在1890年左右,出现了"参考工作"(Reference Work)这个术语。至二十世纪初,许多国家开展了参考服务工作。此时,人们认为参考服务主要是通过图书馆的书目工具来帮助未入门的读者。因而参考馆员的主要工作是使用参考工具书来解答读者提问。

第一次世界大战之后,专业图书馆迅速发展,读者工作中出现了进一步提高参考服务的趋势。即强调图书馆主动传递和交流科学情报的职能,把文献检索、文摘编制、情报分析评价都列入图书馆参考服务的范围。二次大战后,出现了"参考情报服务"(Reference information service)这一术语。

情报服务原是情报学与科技情报工作中的一个术语,它是传统的图书馆书目参考工作在新时期条件下的逻辑发展。

科技情报工作产生的标志是文摘杂志的出现。文摘是对原始文献(或称一次文献)的整理加工、提取浓缩。这无疑是在图书馆传统的书目工作基础上的深化和进步。此外,随着科学技术的进一步发展,对综述和预测性情报的需要也显得更加突出,而这些情报是通过对原始文献进行分析与综合处理后得到的。因此,对原始文献的加工处理就成为一项有组织的工作,因而出现了专门的情报中心,或称科技情报部门。情报工作也就从图书馆工作中分化出来。情报服务除利用图书馆的借阅流通方式提供原始文献外,更侧重于对文献资料的浓缩、检索、分析研究和主动报道。情报服务在交流科学情报的过程中,无论在提供文献的深度还是广度上,都超过了图书馆的传统服务活动。它具有更显明的针对性与主动性。

现代图书馆为了高效率地向科学研究与生产提供适用的文献资料,在努力做好传统的解答咨询与书目服务的同时,吸取了情报服务的内容与方式,积极开展文献检索、定题服务、情报编译乃至编制文摘杂志、进行情报分析研究等工作,情报服务已成为图书馆读者工作中的一项重要内容。由此可见,现代图书馆始终不满足于原有的被动服务的状态,图书馆学专家和广大图书馆工作者一直都在致力于发掘书刊资料宝藏和积极主动为读者提供所需情报的工作。

我们把这种旨在促进科学技术进步,将图书馆传统的书目参考工作与情报服务手段相结合的业务活动称之为图书馆情报服务。

图书馆情报服务使"现代图书馆工作,特别是科技图书馆的工作,越来越具有更多的情报工作的职能和特点,实际上已经发展成为整个情报事业中的一个重要组成部分"。(见严怡民主编《情报学概论》,武汉大学出版社,1983年,第45页)

图书馆情报服务的主要作用是:

1. 主动提供文献服务,促进科学技术发展

图书馆根据科学技术发展与社会的需要,主动提供文献或文献线索(如编制书目索引、开展定题服务等),沟通读者与所需情报之间的交流渠道。这种情报服务承担了科研人员的部分前期劳动,节省了科学技术工作者的时间,起到加速科学技术发展的作用。

2. 主动报道馆藏,提高文献利用率

图书馆根据文献出版与收藏情况,结合社会需要,主动用多种方式进行报道(如定向报道、定题服务等),从而使一些不为读者所知的文献得到充分利用。同时加快了新到文献的针对性报道,使这些文献能及时得到利用。

3. 辅导读者,指导阅读

图书馆在开展方法性咨询与书目辅导等业务活动中,帮助读者解决查找文献、利用检索工具的困难,使他们迅速掌握检索技能,因而具有指导阅读的功能。

因此,开展情报服务是现代图书馆读者工作的特点,也是对图书馆传统的读者工作的突破与提高。

二、图书馆情报服务的内容与方式

图书馆情报服务是在原有的咨询与书目服务的基础上,吸取科技情报部门情报服务的特点而发展起来的。

对图书馆的情报服务,苏联图书馆学者 O. C. 丘巴梁认为,"虽然图书馆与情报中心在工作任务上都很相似,可是两者采用的工作方法却不相同。图书馆利用的是图书馆书目的方法,而情报中心则采用提供事实的方法。"(见(苏)O. C. 丘巴梁著,徐克敏等译,《普通图书馆学》,书目文献出版社,1983 年,第 86 页)又说:"图书馆书目情报的宗旨在于帮助学者和专家们弄清世界文献的收藏情况,同时为他们使用这些文献提供最大的方便。"(见(苏)O. C. 丘巴梁著,《普通图书馆学》,第 83 页)即认为图书馆情报服务的主要目的是提供文献及文献线索,主要方式则是书目报道与文献检索。但他把提供事实的方法完全排除在图书馆情报服务之外,显然是一种带有局限性的看法。

我国目前存在着图书馆与科技情报两大系统。在提供服务方面,如何分工协作,发挥各自的长处,是一个值得深入探讨的问题。目前我国图书馆情报服务主要采用咨询服务、书目服务、定题服务、代译服务等方式,一些有条件的图书馆也开展了情报编译和编写情报分析报告等工作。

我国图书馆情报服务的主要内容有:

1. 咨询服务:即根据个别读者的请求,帮助解决查阅文献资料中的疑难问题。主要通过使用参考工具书和检索工具提供服务。

2.书目服务:即根据社会需要,主动收集有关文献资料,并整理、编制成书目索引、文摘快报等二次文献,向某些读者群进行报道。定向服务是书目报道的一种类型。

3.定题服务:即根据科研需要,围绕特定课题连续提供各种文献资料,直至课题完成的一种综合服务。

4.代译服务:即接受读者委托,全文或部分翻译外文文献资料。

5.情报编译:即主动将某一专业或专题的外文资料编译成综述或评价性情报。

6.情报分析研究:即对某一方面的情报进行分析研究,作出总结或预测,提供有关部门参考。

我国图书馆的情报服务以前三种方式为主,下面将分节详述。

三、我国各类型图书馆情报服务的特点

我国各类型图书馆情报服务因其读者成份、阅读需求、藏书与馆员的条件不同而有明显差别。

1.公共图书馆

公共图书馆的藏书是综合性的,其读者类型复杂,情报需求涉及的学科广度大,深度不均。从整体上说,工作人员的学科专业知识与外文水平相对比较低。因此在目前情况下,普遍开展情报编译和情报分析研究服务有一定困难,应充分发挥图书馆传统的咨询与书目服务的优势,并积极开展文献检索、定题服务和代译资料等服务。

2.科学和专业图书馆

这一类型图书馆的读者成份比较单纯,读者需求的专业范围相对稳定,情报需求以二、三次文献为主。馆员具有一定的学科专业知识和外文水平。因此,应在加强编制二次文献的基础上,着重开展情报分析研究工作。

3.高等学校图书馆

高校图书馆的主要读者是教师与学生。教师除承担教学任务外,还承担一部分科研任务,对他们的情报服务应以书目服务、文献检索和定题服务为主。广大学生对专业文献资料尚不够全面了解,而且往往缺乏书目文献知识,在查找和利用文献方面困难较多,因此应着重对他们进行利用图书馆和检索方法的教育,使他们掌握开启知识宝库的钥匙,同时也应积极开展咨询服务,以解决他们在实际利用中的问题。

总之,对图书馆情报服务的研究,目的在于探讨服务的有效途径与方法,寻求各类型图书馆对各类读者的最佳服务方案,提高文献服务的充分性与准确性。

第二节　咨询服务

一、咨询服务的作用

读者在科学研究或生产、教学过程中,往往遇到一些与利用文献有关的疑难问题。如根据特定课题如何查全有关文献;某些缩写或特殊符号、新的概念如何解释;某个数据或公式、配方的准确出处;某些组织机构或个人的历史现状;某句古语或某个古字的解释、出处等。要在浩瀚的文献里迅速、准确地找到适合特定需要的事实或文献,实非轻而易举的事。加之一般读者对参考工具书和检索工具不熟悉,因而往往求助于图书馆。图书馆则根据读者提出的问题,利用各种书目、索引、文摘、词典、手册、百科全书等,查找并提供具体事实或有关的文献资料。这种以个别解答方式为读者解决查阅文献资料中出现的疑难问题,提供文献或参考答案的服务方式称之为图书馆的咨询服务。

然而,并非读者提出的所有问题都属于图书馆咨询服务的范围。例如:

(1)咨询问题的内容应由其他专门机关办理的,如法律上的纠纷、疾病处方等;

(2)所提问题涉及党和国家的重大的政治、经济、军事等机密问题,而又无相当证件者;

(3)学生的习题或作业中的一些疑难问题。

这些问题图书馆可以拒绝回答。

还有一些读者对科研、设计或生产中的一些难题和关键性技术问题提出咨询,需要帮助他们分析研究、选择最佳方案或解决技术难关。此类咨询属于技术咨询,它提供具体的技术措施、设计方案、产品配方等,实质是一种科学研究。技术咨询一般由专门机构负责解决,如中国科协的"全国科技咨询服务处"。但图书馆可提供解决这些技术问题的参考文献。

图书馆咨询服务的实质是文献咨询。*即帮助读者解决*对所需文献或知识了解不足、掌握不够的困难,满足其文献需求或知识需求。咨询服务的主要目的是使读者在掌握其所需文献之后,能继续深入研究或开展工作,因而一般对答案内容不作评论、分析和研究。有时馆员可以提出自己的看法,供读者参考。

图书馆咨询服务是各行各业专家利用文献资料的得力助手,是图书馆情报服务的传统手段。它直接面向个别读者,充分满足读者的特定需要,不同于以读者群、组为对象的其他情报服务方式,因而针对性更强。它虽然是一种被动服务方式,但参考咨询人员可以在解答问题的过程中主动向读者推荐有关文献资料或辅导读者使用参考工具书和检索工具,从而在被动服务中争取主动。

图书馆进行咨询服务不仅要花费较多时间,并且对参考咨询人员有一定要求,因此应由专门机构和人员来承担。大型图书馆一般应设置参考咨询部门或咨询室,中、小型图书馆也应设咨询台或由专人负责。

二、咨询服务的类型

咨询服务按读者所提问题的性质,可分为事实性咨询(或称事项咨询)、方法性咨询(或称文献知识咨询)与专题咨询三种类型。

1. 事实性咨询

即查询具体人物、事件、产品、数据、名词、图像等。此类咨询的第一个特点是范围广,这在综合性图书馆尤为突出。读者提出的问题涉及到科学、技术、社会、文化等各个方面。即使在专业图书馆,也由于现代科学的交叉渗透,专业读者经常要涉足于边缘学科或相关学科,所提问题往往超出原有专业学科范围。第二个特点是特指性强,即读者要求的目的很明确,答案的选择性小。第三个特点是答案要具体,即不能只提供文献线索,要给读者具体答案,并有一定的可靠性。因此,解答此类咨询问题时,一般首先要确定其学科范围,然后利用各种参考工具书,或通过检索工具查找有关的文献,从工具书或原始文献中获取答案。在答复读者时,要具体细致地给出答案,并提供各家见解和参考资料,指明答案出处,以供读者选择使用。

2. 方法性咨询

即解决读者查找资料过程中遇到的检索困难。此类咨询的特点是主动性强,参考咨询人员可充分发挥本身指导阅读、普及检索方法的作用。在方法性咨询中,读者提问的重点不在具体文献或文献内容,而在检索方法。当读者提出事实性咨询或专题咨询时,参考咨询人员一方面积极查找,寻求答案,一方面可以主动向读者进行检索辅导。有的读者在得到事实性咨询答案或专题书目后,进一步向参考咨询人员提出学习检索方法的要求。这时馆员应进一步了解读者的专业与工作性质,并主动将有关专业的主要检索工具及其使用方法介绍给读者。

3.专题性咨询

即读者关于某一专题的一次性咨询,图书馆为之提供该专题的文献线索。专题性咨询是向书目服务过渡的一种形式,但有别于书目服务。前者是应个别读者要求而提供的服务,后者是图书馆主动为某一个或几个读者群提供的服务。专题性咨询也不同于定题服务,前者一般是一种一次性服务,后者是一种连续反复服务。专题性咨询的特点是回溯性与系统性强。即读者往往要求掌握关于某一专题的全部文献,至少是主要文献。因此,答复此类咨询要注意使用分类目录与主题目录,以及各种回溯性检索工具。由于给读者的答复往往是文献目录,因此要求注意目录编制的科学性和准确性。

咨询服务按读者提问的方式,可分为口头咨询与书面咨询两种类型,其中口头咨询又可分为读者直接来馆咨询与电话咨询。口头咨询多半要求即刻答复,时间紧促。读者所提问题难易不一,有的问题馆员可立即口头答复,或略经查阅就可答复;有的问题则需花费一定时间,需请读者将问题留下,约定时间答复。这种问题的答复可以是口头方式,也可以是书面方式。口头咨询可以使馆员直接与读者交谈,这对于迅速准确地弄清提问意图、答案要求以及读者已做过的努力,弄清问题所属学科、时间范围等都是十分有利的。书面咨询则往往是读者以书信或填写咨询单的方式提出的,这些问题虽不要求立即答复,但往往为了完全弄清提问意图等问题,需要与读者直接见面交谈、电话交谈或书信来往,所以解答咨询前的工作要做得过细,整个咨询过程方能顺利进行。

三、咨询服务的程序与方法

图书馆在开展咨询服务之前,应首先拟定咨询工作细则。在咨询工作细则中应规定解答读者咨询的范围、办法和制度,如哪些问题不属于图书馆咨询服务的范围、读者提出咨询应通过什么方式、要办哪些手续、参考咨询人员答复读者咨询应遵守什么原则等。

图书馆在长期的咨询服务过程中形成了一套比较完整的工作程序:即接纳咨询、分析判断、确定途径、深入查找、答复咨询并记录归档。

1. 接纳咨询、弄清意图

这是咨询服务中的一个重要环节。掌握了问题的要领,就为解答咨询打下良好基础。无论读者采用什么方式提问,都必须弄清读者提问的目的、具体要求、问题提出的背景、问题的主题范围以及读者所具备的已知条件(如学科范围、已查过何种工具书、已掌握哪些文献线索等)。此时,和读者交谈并复述其提问目的、要求是十分重要的,以免由于误听或对问题的理解不同而造成查找失误。对于书面提问者所述目的、要求如果不清楚,应主动与读者取得联系,直至弄清为止。

读者咨询应进行登记。简单的咨询问题,可使用"咨询登记册",格式如下:

日期	姓名	单位	咨询问题	答案	咨询员	答复日期

比较复杂或重要的问题,应登记在"咨询记录卡"上,或输入计算机,以便编排成档,备日后需要时随时查用(见下页表)。

读者所提问题中,可能有的以前曾解答过,或解决途径类似,即可通过查阅咨询档案,直接得到答案或解决部分问题,避免重复劳动。

2. 分析判断、找出关键

即通过分析,加深对问题的理解,找出解决问题的关键,以便进一步拟定查找步骤。如确定学科范围、所需文献类型、时限等。这一阶段的一个关键问题是学习,尤其当咨询人员遇到所不熟悉的专业时,更要充分利用参考工具书和分类表,从馆藏书刊中学习或利用与读者交谈的机会,向读者请教,迅速充实有关专业知识。

咨询记录卡　　　　年　月　日							
姓名		年龄		职称 或 文化程度		专业	
单位						电话	
咨询 内容							
答案 及 解答 过程							
答复 日期				咨询员			

3. 确定途径、选择工具

即根据对问题的理解,确定应使用的工具书的种类与次序。这一过程往往因问题而异,一般很难在一开始就拟定出一个完整的查找计划,而经常是在查找过程中不断补充与修改。常用的检索途径有内容途径(分类、主题)、著者途径以及其他途径(如号码索引、分子式索引、地名索引等)。查找文献资料时,要尽量利用馆藏条件,选择最合适的工具书,从最简捷的途径入手。

4. 深入查找、取得答案

128

即按照所设计的查找方案,利用选定的工具书,取得事实性答案或有关文献。此时应注意利用各种工具书的辅助索引和附录,注意各类型文献的结合使用,并注意随时修正查找途径,以便迅速、准确地解答问题。同时在查找过程中,可随时与提问者取得联系,将初查结果与中途产生的问题提交读者,以便与读者共同研究,避免浪费时间与精力。

5. 答复咨询、记录归档

首先要审核已取得答案的可靠性及时效。这包括审核所使用工具书的权威性及其新颖程度。如有多个答案,则需要将其进行比较,选取可靠性大的答案。若不同来源的答案相互不一致而又不易选择时,应将不同答案一并提交读者,让读者自行研究选取。对提供给读者的文献书目、索引,应注明文献收藏地点,以便于读者索取原始文献。得出咨询结果后,应及时答复读者,并指明答案的来源及出处,以使读者考虑能否采用或进行查对。对一些复杂或重要的咨询,应将解决问题的方法、所利用的工具书以及工作经验记入"咨询记录卡",并按问题性质或若干主题编排成档,可备以后解答同类问题所用,亦可作为咨询人员业务学习的生动教材与经验积累。

必须指出,在实际工作中,以上工作程序的某些步骤并不是一次就能完成的。如在初步查找后,未能获得满意结果,则需要返回来重新分析问题、确定新的查找途径,再进行查找,直至获得理想答案为止。同时在实际工作中,解答咨询问题也并没有固定不变的模式,参考咨询人员要养成辩证的思维方法,要善于举一反三,由此及彼。例如从某种文献的引用书目扩展到一系列其他资料;由工具书联想到专门著作;由间接资料去查找直接资料等等。总之,要利用一切可能找到答案或文献资料的途径与方法。然而,由于各种条件的限制,有时也可能获取不到理想答案。此时应向大型馆或专业馆乃至专家、学者请求帮助。

解答咨询,实质是馆员在具有一定专业学科知识的基础上,充分利用书目文献知识解决问题的过程。后者正是多数读者所缺乏的,因而图书馆咨询服务不仅能为一般读者解决疑难问题,也受到专家学者的重视,是图书馆情报服务必不可少的内容。

四、咨询服务对检索室的要求

咨询服务中要使用各种参考工具书和检索工具,因而参考藏书的建设与组织就显得格外重要。

图书馆应将一部分经费用于购置工具书刊。特别要注意采购综合性的以及与本专业有关的工具书刊。至于一些卷册多、价格较贵,尤其是大套的外文原版工具书刊,应在本地区内实行采购协调,使各种基本工具书刊在一个地区内配套。

条件具备的大、中型图书馆,应将工具书刊集中,成立检索室;小型图书馆也应设置专架,以便读者和参考咨询人员使用。

咨询服务对检索室的要求是:品种齐全、集中开架、使用方便。

1. 品种齐全

检索室应集中本馆各种参考工具书与检索工具。一些连续出版的工具书和检索刊物应保证连续入藏,不使其中出现短缺。

2. 集中陈列

各种文字的工具书刊一般按学科分类集中陈放,类下再按工具书类型细分。语文字典和词典的使用频率较高,可按语种专架陈列,这不仅便于使用,而且便于归架与管理。

3. 开架并编制目录

工具书不同于其他科学著作,一般不供人们系统阅读,只备读者随时查检有关部分,更为咨询人员反复使用,因此应采用开架方式。为了更好地揭示检索室藏书的内容,提供更多的查找途径与线索,还必须为检索室藏书编制目录。特别要注意为某些工具书的重要附录做分析款目,为内容相关的工具书做相关参照。这样,当读者在书架上找不到或选不出合适的工具书时,能利用目录查找所需工具书或其可用部分。检索室目录的组织可与藏书组织一致,也可采用不同检索标志组织几套目录,以提供多种检索途径,提高藏书利用率与咨询效率。

4. 制度要方便咨询人员

检索室主要对读者开放,但又是咨询人员工作的基地。因此,在使用制度上应有所区别,应尽可能为咨询人员提供方便。否则,会影响咨询服务的效率。

总之,咨询服务与检索室的工作密切相关,而且检索室的工作人员往往兼任咨询服务工作,所以有的图书馆将检索室划归参考咨询部门。但无论机构如何设置与划分,检索室与咨询室不能相距太远,以利于开展工作。

五、影响咨询服务的各种因素

影响咨询服务效果的因素是多方面的,对这些因素进行分析研究,有助于我们深入探讨咨询服务的规律,提高认识,掌握主动,有的放矢地改进工作。

影响咨询服务效果的诸因素大致可分为两部分,即外界因素和内部因素。所谓外界因素是指那些独立存在于图书馆工作以外,而往往不是图书馆工作人员所能决定的条件;所谓内部因素,是指那些存在于图书馆工作过程中,并可逐步解决的条件。当然,外界因素也并不是绝对不可改变的。咨询人员可以通过本身的工作,发挥主观能动作用,去影响这些外界因素,改善咨询服务的条件,取得良好结果。

1. 影响咨询服务的外界因素

(一)提问者。主要指提问者的目的、要求和已知条件的明确程度。这与提问者的文化程度、专业水平以及表述能力等有关。为此,咨询人员应详细了解提问者的有关情况,设法帮助提问者弄清所提问题的实质所在。

（二）检索语言。主要指各种检索语言的检全率、检准率以及对各种检索要求的适应能力。由于各种检索语言受编者的水平及所处社会和时代等各种条件的限制，因而其性能所达到的高度是有差别的。检索语言的这种性能差别直接影响咨询服务。为此，咨询人员应熟悉各种检索语言，了解其特点，以便必要时进行检索语言的转换。

（三）参考工具书的可靠性。即指参考工具书的编辑质量和内容的可信程度。由于咨询人员主要不是依靠自己的学科知识，而是依靠参考工具书所记录的知识来解答咨询，所以，参考工具书内容的可信程度直接影响答案的正确性。为此，咨询人员应尽量使用权威性的参考工具书，或将不同参考工具书中取得的答案进行分析比较，必要时从其它文献中取得旁证来确定答案的可信程度。

2. 影响咨询服务的内部因素

也就是图书馆本身拥有的解答咨询的能力。主要有：

（一）资金条件。图书馆的经费开支与咨询工作的成效有密切联系。据一份在美国伊利诺斯州的调查报告反映：回答咨询问题的正确率在经费总额为一万九千美元以下的七个图书馆里为30%；在五万至九万九千美元之间的五个图书馆里则为46%；而在三十万美元以上的十一个图书馆里却高达78%。同样结果的报告还见于西方其他国家的图书馆界。（见严一桥著"咨询工作研究"，载《四川图书馆学报》，1981年第4期）我国尚未进行过类似的统计分析，但图书馆的经费过少，显然将影响参考藏书的建设和咨询人员的配备与培养，降低图书馆解答咨询的能力。

（二）文献条件。首先是指参考工具书的数量。参考工具书是图书馆咨询服务的物质基础，不同类型、不同品种的参考工具书能解决不同问题。因此，参考工具书的种类愈多、数量愈大，就使图书馆解答咨询的能力愈强(当然,这种能力的发挥还受其他因素的制约)。其次是馆藏图书的质量(或称适合程度),如馆藏书刊的类型是否完备、所涉及的学科是否全面、出版时间是否连续,以及权威性的书刊是否配套等等。参考藏书残缺不全必然影响咨询服务的成效。例如没有近期工具书刊,就难以得到最新情报,而缺少回溯性工具书刊,又妨碍查找过期资料。在参考藏书数量不多或质量不高的图书馆里,咨询人员无论制定出多么合理的查找方案,也都难免陷入"巧妇难为无米之炊"的困难境地。只有在具备了较全的参考藏书的前提下,才有可能由熟练的咨询人员进行高效率的咨询解答工作。

(三)人员条件。咨询人员直接担负着挖掘文献资料宝藏,解决读者所提咨询问题的任务,他们的业务能力直接决定咨询服务的成效。一个不熟悉馆藏资料,尤其是不熟悉参考藏书、不善于利用参考工具书的咨询人员,他所选择的咨询解答方法和步骤绝不会是最合理的方案。因此,必须十分重视咨询人员的合理配备与培养。咨询人员的业务能力包括图书馆学专业知识、各门学科的专业知识和语文水平。它们并不完全取决于咨询人员的学历,更重要的是在实际工作中学习与积累。

此外,图书馆各级领导人员对咨询服务的认识也是影响咨询服务的一个因素。因为这关系到咨询服务费用的开支,参考工具书的添置和咨询人员的配备、培养等。即使在一些中小型图书馆,如果领导对咨询服务的意义与作用有充分认识,也可以在经费不多的情况下,重点保证参考藏书的建设,采取有力措施加强咨询人员的培养,提高图书馆解答读者咨询的能力。

图书馆咨询服务的实践表明,上述各种内外因素从不同方面、不同程度地影响着服务效果,而起决定性作用的因素是参考藏书与咨询人员。

六、咨询服务的发展

咨询服务将随着图书馆情报职能的逐步加强而发展。现代技术手段的采用给咨询服务的发展提供了必要的物质条件。咨询服务的发展主要在以下两方面：

1. 专业化

在知识总量相对来说比较少、图书馆技术比较落后的年代里，咨询服务的规模不大，由少量的工作人员即可接纳各门类的咨询问题。而现代科学技术的发展使得咨询人员面临几千种专业，面临每年增加几百万件的各种文献，因此不可能全部通晓，必须有所侧重，向专业化发展。更为重要的是，图书馆情报职能的加强，必然导致咨询工作向纵深发展。咨询人员不仅要掌握某一门或数门专业知识，了解该学科文献的数量、质量和分布状况，熟悉该学科的历史与现状，成为该学科的文献专家，还必须有能力对文献内容进行分析、研究、比较、鉴别，作出评价或综述。这些都要求咨询人员专业化，进而使咨询服务也向专业化方向发展。

2. 使用现代技术手段

电子计算机在图书馆的应用，使咨询服务进入一个新阶段。国外图书馆建立大量数据库，广泛使用计算机终端设备，实现联机服务，使读者的许多咨询问题，尤其是专题性咨询问题可以得到及时准确的回答。其查找速度之快、范围之广，都是手工检索无法相比的。

我国图书馆的咨询服务目前仍以手工检索为主，但近年来也开始利用计算机检索开展咨询服务。如我国于 1980 年 3 月在建工总局所属香港中国海外建筑工程有限公司内装设了一台 DTC－382 型电子计算机终端，并通过香港大东电报局连接国际通讯卫星与美国的 DIALOG 和 ORBIT－IV 情报检索系统，进行联机服务。建工部科技情报所曾利用这个终端为建筑科学研究院物理研究所解答关于"丹麦和瑞典在采光、照明、建筑声学等方面科研进展"的专题咨询,从近17年的995,801篇文献中查到7篇有关文献。这样大数量的文献检索用手工方式是难以迅速完成的。目前,国内已有不少图书情报单位利用计算机终端或文摘磁带为读者解答专题性咨询问题,这些服务都深受读者欢迎。

然而,计算机检索不能完全代替咨询人员来满足读者的各种特定需要。所以,即使在图书馆自动化程度较高的美国,咨询人员仍然是图书馆中最活跃的"因素",发挥着其独特的作用。

第三节 书目服务

一、图书馆书目服务的作用

图书馆在为科学研究服务的工作中,不仅要根据读者提出的各种咨询问题查找有关的文献和文献线索,而且还应该主动地将埋藏在大量文献中的有用信息挖掘出来,加工整理并及时向有关读者进行报道,使读者迅速获取其科研与生产所需的情报。图书馆这种有针对性地对原始文献进行加工整理,以二次文献形式来满足读者情报需求的文献报道工作称为书目服务工作,或称为书目参考工作。书目服务的主要内容是根据科学研究与生产需要,主动收集编制和提供各种通报性或参考性的书目、索引、文摘、快报等二次文献。

书目服务工作是图书馆实现其情报职能的重要手段。首先,书目、文摘等是简明扼要地记载、宣传、报道大量文献的有效方式。读者通过它可以迅速了解国内外文献资料的内容、出版及收藏等情况,了解国内外科学发展状态,掌握前人已获得的成果,大大节约直接翻检文献资料的时间;其次,读者不必亲自到图书馆查询,即可得到所需文献资料的线索,有利于克服地理障碍,便于两地或多地的文献交流;第三,书目索引、文摘快报不局限于报道个别图书馆的馆藏,而是以特定课题为范围,广泛报道国内外的有关文献,因此可开阔读者的文献视野,并有利于实现资源共享,交流使用。

书目索引与图书分类编目虽然都是对原始文献的加工整理,但有明显区别。图书分类编目是以揭示和组织本馆藏书为目的,因而其加工对象为全部馆藏,其成果——图书馆目录是供全体读者共同使用的;而书目索引是以满足特定读者群对文献资料的特定需要为目的,因此其加工对象为部分文献资料,并且不局限于一馆藏书,其成果——书目索引主要供特定读者群使用。书目索引的形式也不同于图书馆目录,它不仅有卡片式,还有书本式、活页式等。

书目服务与咨询服务虽然都以满足读者对文献的特定需要为目的,但在服务方式、服务内容和服务对象等方面都有差异。咨询服务是以回答个别提问为主要方式,在专题性咨询中虽然也提供一些书目索引,但却是根据个别读者提出的要求而编制的,因而是一种被动服务方式,所编书目索引大都是参考性的、一次性的;而书目服务是以加工整理、编制和提供二次文献为主要方式,是在了解读者和社会需要之后,图书馆主动安排的,因而是一种主动服务方式,所编书目索引,既有参考性的,也有通报性的,还有联合目录,甚至编辑出版文摘杂志,这些书目索引、文摘杂志往往连续刊行。

二、书目服务的要求

图书馆在提供参考书目、文摘、索引等时一般应达到下列要求:

1. 针对性

即书目用途、使用对象要明确，要"有的放矢"。在编制书目前，应做好调查研究工作，根据本地区、本单位科研或生产中的共同需要，或者针对重点科研项目，来确定书目索引的选题、文献收录范围以及提供方式等。

2. 科学性

即选录的文献资料应是有价值的科学情报，尽量缩小选取文献时的漏检与误检。选录标准要前后一致。文献资料的著录要标准化，编排要便于检索。大型书目或文摘应有辅助索引。

3. 及时和系统性

就是既要根据当前科研与生产的需要，以最快的速度编制各种配合需要的专题书目、索引；又要考虑长远需要，编制累积性书目索引。使专题书目索引在选题上避免重复，在时间上得以延续，即在一个个独立的专题性书目索引的基础上，产生累积性书目索引，使"及时"与"系统"结合起来。这需要实行书目服务协调，以克服选题分散、重复和出现空白的现象。这种协调主要指大型书目索引的选题要有规划，要互通情报，必要时可相对集中有关图书馆的力量，编制各学科的高质量的书目索引。其次要加强各图书馆之间的书目情报交流，编制书目之书目，提高书目索引的利用率。

三、书目服务的方式

图书馆编制出书目索引、文摘快报之后，重要的在于利用，否则，达不到预期效果。书目服务除编制书目索引、文摘快报外，还要采用多种方式利用书目索引来报道文献。

1. 书目编制

编制各种类型的书目索引是图书馆书目服务的主要方式。

2. 书目宣传

目前，我国许多读者由于缺乏目录学基本知识，对书目索引的作用不甚了解,因而书目索引的需要量小、使用率低。这就需要图书馆大力宣传,提高读者的认识。图书馆书目服务部门应详细介绍书目索引、文摘快报的类型和不同类型的书目索引所能解决的问题,并以本馆入藏的典型书目索引为例,普及目录学知识。应该经常用通报形式报道本馆新入藏或新编制的各种书目索引。

图书馆还可采用多种方式向特定读者推荐有关书目索引,充分发挥书目服务的主动性。如在专门阅览室陈列或利用小型板报宣传推荐各种书目;利用专业会议向与会者推荐有关的书目或主动寄发给特定读者等。

3.书目辅导

主要指检索方法,特别是一些大型书目索引的使用方法辅导。书目辅导既可在咨询服务中采用个别辅导方式,也可采用集体辅导方式,如举办学习班,开设文献检索课等。在辅导内容上,可以针对某一类型或某一种书目索引的使用方法进行辅导,也可以系统地进行辅导。书目服务中的辅导与咨询服务中的方法性咨询既有联系又有区别。它们都不涉及文献的详细内容,都是一种方法性指导。但方法性咨询多由读者提出,咨询的内容也不局限于检索工具,还包括图书馆的利用、参考工具书使用法等;书目服务中的辅导是由图书馆主动提供的,其主要内容是书目索引的使用。因此,后者又是读者书目教育的主要形式和阅读指导的内容之一。

上述各种形式,经实践证明是行之有效的。但图书馆书目服务的实践还在不断发展,必将产生出更多的新方式。

四、我国各类型图书馆书目服务的特点

各类型图书馆在任务、藏书以及读者等方面都有差别,因而在编制书目索引、提供书目服务方面也各具特点。分析这些特点,将使各类型图书馆更好地发挥其优势、互相配合,使整个图书馆系统的书目服务工作形成一个完整的体系。

1. 公共图书馆

公共图书馆书目服务的特点是:选题广,既有社会科学方面的,又有自然科学、技术科学方面的;适应性强,所编书目可同时适用于若干有共同需求的读者群;累积性书目索引与联合目录的比重大,由于公共图书馆尤其是省(市)公共图书馆往往是一个地区的藏书与服务中心,因此需多编制供各方面读者长期使用的检索工具,并提供馆际互借服务的条件,使基层单位的科研、生产、教学人员得以利用各大图书馆的丰富藏书。公共图书馆所编参考书目都紧密配合当地经济建设与科学研究的需要,一般都具有鲜明的地方特点。许多公共图书馆还特别注意提供地方文献的书目服务工作。

书目索引的形式多以书本式、活页式为主,以便于不能到馆者使用。

2. 科学和专业图书馆

这一类型图书馆书目服务的特点是:选题窄且深,往往密切配合本部门科研课题;专业性强,所编书目索引与本单位的专业性质紧密结合;形式多样,除采用书本式、活页式外,还采用卡片式,这一方面便于积累某个专题的文献资料,用来编制该专题的书目索引,同时也便于读者随时查阅新到资料。

3. 高等学校图书馆

高等学校图书馆书目服务的特点是:选题紧密配合教学与科研,既有为科研项目服务的"重点",又有为广大师生学习服务的"面",所以既有窄且深的选题,又有宽且广的选题。一些历史较长的大学图书馆,藏书丰富,往往参加大型联合目录或累积性书目索引的编制工作。

五、书目服务的发展

现代科学技术和文献资料的发展对图书馆书目服务工作产生

了巨大影响。

首先,文献资料的大量涌现为书目服务工作提供了丰富的文献资源,同时也加重了书目服务的任务。

其次,现代科学技术手段使书目索引、文摘快报的编辑、出版发生了重大变化。使用电子计算机代替手工编制,大大加快了书目索引、文摘快报的编辑和出版速度,缩短了它们与原始文献的时差。这使书目服务更加及时,使科研和生产人员能更迅速地获得所需情报,因而也必将加速科学研究工作的进展,促进科学技术的进步。

第三,随着机读数据库和联机服务的发展,书目索引、文摘杂志的形式也愈来愈多样化。除了传统的印刷型外,还有缩微型、机读型等。利用电子计算机编制机读数据库,或通过照相排版编制书目索引、文摘快报,不但速度快,而且可以"一次输入,多次输出",利用同一数据库编制多种专题目录。同时,通过联机检索服务,可使一些原来缺乏书目服务条件的基层图书馆直接开展书目服务工作,这将把整个图书馆系统的情报服务工作提到一个新的高度。

第四,由于书目索引、文摘杂志出版形式和服务方式的变化,将使更多的图书馆从增加检索工具的品种与数量转向建立各种计算机终端。

第五,"在版文摘"的出现,将减少图书情报部门编写文摘的工作量,而将这部分人力投入其它工作。"在版文摘"是由著者本人在交付论文的同时,编写出该论文的文摘,在发表论文的出版物上,同时刊登文摘。由于著者对该学科领域、论文要点乃至重要数据、结论等都比图书情报人员更为熟悉,因而所编写的文摘有较高的科学性。同时,原始文献与文摘同时刊出,更缩短了文摘杂志的编辑、出版时间,便于图书馆进行书目服务。

第六,图书馆书目服务逐步走向全国统一管理与协调的方向。

例如苏联从六十年代起,以全苏图书局和全苏科技情报所为首,形成了全国书目编制和书目服务系统:全苏图书局负责全国书目登记;列宁图书馆协调全国科学考参书目和推荐书目;萨尔蒂科夫—谢德林公共图书馆负责书目之书目;苏联科学院图书馆负责物理、数学及其他自然科学书目;苏联国立科技图书馆、科技情报所、苏联科学院社会科学基本图书馆及其他专业图书馆负责其他学科书目索引的编制;外国文献图书馆负责编辑外国图书和定期出版物的联合通报和书目索引。其他国家,如美国的"全国书目控制协调委员会"(CCNBC)和英国图书馆的书目部也起到类似的组织协调作用。(见乔好勤著"现代科学技术与目录学的发展",载《图书情报工作》,1982年第5期)

1957年国务院批准"全国图书协调方案"后,全国性、地区性的中心图书馆委员会相继建立。我国图书馆界曾统筹安排联合目录的编制工作,以加强协调克服盲目性。1980年召开第一次全国联合目录工作会议,提出了建立"全国联合目录报道体系"的计划,初步拟定了全国联合目录的分工原则,如中外文新书联合目录由各省(市、自治区)图书馆负责;中文新刊目录报道由上海图书馆负责;回溯性西文期刊联合目录由北京图书馆负责等。但由于我国图书馆事业的领导体制不统一,集中编目事业还不够发达,图书馆自动化也刚刚起步,所以我国图书馆书目服务的统一管理与协调还有待于进一步完善与提高。

近年来,我国图书馆虽然购买了一些外国重要文摘杂志的计算机磁带(如美国的《化学文摘》),但使用还不普及,绝大部分图书馆仍需自行编制印刷型的书目索引与文摘快报。而用传统的铅印和油印方法刊行书目索引,往往不能及时提供利用。用电子计算机编制和打印书目索引固然很快,但受设备、技术和费用所限,目前普遍采用还有困难。随着复印设备和技术在我国图书情报部门的普遍使用,一些图书馆试用复印技术编印书目索引,尤其是编印小型专题书目索引。与铅印、油印方式相比，复印方式速度快、效率高、差错少、质量高，在印数不多的情况下，费用也比较合理。如中国科学院兰州图书馆采用静电复印方法编制报道性书目、专题书目和文摘杂志的累积主题索引，取得了良好效果。

我国图书馆书目服务工作有悠久的历史，也有极其丰富的理论、方法与经验，一旦与现代科学技术手段相结合，必将出现崭新的局面。

第四节　定题服务

一、定题服务是情报服务的有效方式

定题服务是根据读者（个人研究者、科研单位、企业等）研究课题的需要，进行文献资料的收集、筛选、整理，并定期或不定期地提供给读者，直至课题完成的连续性服务。

定题服务的英文缩写为"SDI"（Selective Dissemination of Information），俄文缩写为"ИРИ"（Избиратедъное распространение информации），直译为"情报的选择性传播"。

由于文献资料浩如瀚海，学科间又相互交叉、相互渗透（据统计，理工科文献有一半不发表在本专业杂志中）。一个科研人员，如果要从大量而复杂的文献中，全面掌握本研究课题的资料是相当困难的，要耗费大量的时间与精力。然而，通过定题服务，就能利用社会的集体劳动和图书情报系统的检索手段，很快集中提供一个课题的现状、成果和发展趋势的全部资料。这就大大缩短了专业科研人员查找文献的时间，启迪科学思维，扩大科学视野，相对提高了科研效率。

国外情报定题服务，近十几年来有很大的发展。大多数国家

142

都采用新技术,建立了自动化系统,根据读者的研究需要进行课题登录,用电子计算机对读者所需的课题定期进行文献检索,然后将检索结果提供给读者。由于这种定题服务的效率高,并能适合读者需要,因而受到世界各国图书情报部门的普遍重视。

利用电子计算机进行文献检索在我国虽然还处在起步阶段,但运用手工检索方式进行类似的服务早在五十年代后期就已开始,当时称为"对口服务"或"跟踪服务"。手工检索虽然在检索速度与提供文献资料的广度、深度上不能与电子计算机相比,但运用"定题服务"这种方式仍然可以在传递情报和为科研服务方面发挥其独特作用。

定题服务有这样两个突出优点:

首先,它围绕课题定期或不定期地向读者提供文献资料,在这一过程中,馆员与读者间不断联系,读者随时向馆员提出需求,馆员随时向读者了解文献使用效果。这种反复联系可以使图书馆及时修正服务方案,增强服务效果。

其次,利用多种方式综合服务。在定题服务中,要根据课题进展的不同需要,提供书目服务、外借服务、阅览服务、馆际互借、复制服务、代译服务等各种方式,充分发挥各种方式的特殊作用。

我国要实现四个现代化,关键在于科学技术现代化。而科学技术现代化需要高速、准确的情报传递,为此,我们有必要大力开展定题服务。

目前,我国尚未建立自动化的定题服务系统,但我们可以根据我国图书馆的现有条件,建立手工检索与机器检索相结合的定题服务工作体系。通过特定的流通渠道使图书馆的文献资料同科研、生产的迫切需要紧密结合起来,有效地发挥文献资料的作用。

二、定题服务的途径和方法

我国目前的定题服务一般采用下列工作程序,即调查研究→

选题定题→收集筛选资料→综合服务→检查改进。

1. 调查研究

科研人员的研究课题成千上万,即使在一个专业研究单位,也往往不止一个,况且读者需求和图书馆所具备的提供能力也并不完全一致。此外定题服务要求图书馆所提供的文献资料能适合读者的特定需要,因此,在选题、定题前必须做好调查研究。

调查研究的内容有:

(一)课题调查:即了解本地区、本单位正在研究或计划研究的课题,包括各课题的科研计划,课题的尖端性与迫切性,课题计划完成的时间要求等。调查方式可采用向主管部门了解,与课题负责人交谈,或发调查表等。

(二)读者调查:即了解参加研究的读者组成,他们的文化程度及职称,学位,发表过哪些主要著作及论文,所掌握的外语语种以及对资料的需求等。

(三)文献调查:着重了解馆藏文献中各学科的核心期刊、主要检索工具的收藏情况,馆藏的特点及弱点等。

(四)馆员调查:即对从事定题服务馆员的业务能力的了解,包括专业学科、书目文献知识和外语水平等。

通过上述调查,摸清各方面的情况,才使选题、定题具有一定的基础。

2. 选题、定题

即确定服务课题。在一个地区内,必然同时存在很多科研课题,即使在一个单位内,也常常有几个课题同时进行研究。一个图书馆不可能对所有的课题提供服务,这就需要对调查来的课题情况进行分析研究,综合平衡,根据需要与可能,选择并确定服务课题。

选择确定服务课题的原则是:重点、急需、可能。即:

(一)为当前当地国民经济服务的重点课题,这些课题往往带有全局性或一定的普遍意义。

（二）对发展社会生产和提高生产效率见效快、收益大的科研项目。

（三）生产部门急需解决的技术课题。

（四）课题研究计划完善、人员落实，有组织、有计划。

（五）本图书馆的检索工具和馆员的业务能力与之相适应，即通过努力可以完成的。

选定几个课题后，还应对各课题的意义、内容、进度、要求等进一步了解与熟悉，然后根据其轻重缓急、难易程度及研究需要时间的长短，进行人力调配。如将当年可以完成的与需要几年时间方能完成的课题适当搭配；将课题按专业系统划分，由专人负责等。人力与任务的合理安排，将有利于定题服务顺利开展。有条件的图书馆应相对固定馆员所负责的专门学科（或某个专业系统）内的定题服务，这可使馆员集中学习与熟悉该门学科或专业的科学知识，熟悉并掌握该范围内的检索工具与文献资料，这无疑会提高定题服务的质量。

3. 收集和筛选资料

一个学科（或专业）的文献资料的分布是很广泛的，从所分布的文献类型看，有图书、期刊、会议录、专利、研究报告、学位论文等。定题服务的质量在很大程度上取决于对浩瀚资料的选择。因此，要提供一个课题的资料，必须利用多种检索途径，如分类、主题，并利用外文索引、书末参考文献等，广罗文献资料。收集资料要"全"，资料不多不广，就无所谓筛选。筛选就是从所收集的纷繁众多的文献中去粗取精，选择针对性强的、有参考价值的，提供给读者。

在收集文献时，往往由近及远，由专业文献及相关学科文献。在选择文献时，特别要注意资料的系统性和新、精、尖。所谓系统性就是：第一，各国对该课题研究的历史及现状；第二，发展趋势；

第三,预测及正在进行中的研究。所谓新,就是国内外对本课题新的研究成果、新的发展、新的动向等。所谓精,就是经过鉴定,所选文献资料的内容有参考价值与使用价值。所谓尖,就是代表学科现有最先进水平和最佳成就。只有提供新、精、尖的情报,才能使科研人员在有限的时间内,在总结人类科研成果的基础上,进行重大的创新。

要想从大量的文献资料中筛选出质量高、针对性强的文献资料,定题服务人员除加强有关专业科学知识的学习外,在筛选资料的过程中,还应坚持让专业科研人员参加。一般地说,科研人员不熟悉图书情报业务,不熟悉检索工具与检索方法,而图书馆工作人员又往往缺乏各学科的专业知识,在大量的文献资料面前不能进行准确的筛选。因此,图书馆工作人员与科研人员相结合,互相取长补短,就能收到良好效果。

4.综合服务

提供服务是定题服务的重要一环。因此,要考虑以最有效的形式、最佳的情报内容提供服务。

提供服务的形式主要有:

(一)按时间划分

第一,不定期提供:即根据课题进行检索,凡遇有关此课题的资料随时提供给读者。

第二,定期提供:即按规定时间定期集中提供。

(二)按所提供文献的类型分,主要有:

第一,提供文献信息,如编制专题书目、文摘索引等。

第二,编写综述,如摘要概述、分析概述等。

第三,提供原始文献,包括研究报告、学位论文等。

第四,进行代译、代复制等服务。

(三)按提供文献的内容分,主要有:

第一,预测性资料:指反映课题研究动向以及发展趋势的资料,它有利于读者扩大科学视野。

第二,总结性资料:指对课题现有的研究文献进行系统总结的综述,这些综述往往提出研究的方向和重点。

第三,评价性资料:指图书情报人员对所收集提供的文献资料进行分析、评价,指出其新观点或科学价值的评述。

第四,数据性资料:指科研统计、研究实验报告、重要数据等。

综上所述,在定题服务中要综合采用文献资料的流通服务、书目服务、咨询服务等各种方式。至于具体在何时采用某种方式,要视课题研究与读者需要,并结合图书馆情报服务的能力灵活运用。

5. 服务效果检验与反馈

在定题服务过程中,要经常了解其工作效果,主要包括:

(一)提供的资料是否符合课题内容范围。

(二)读者欢迎哪种文献类型。

(三)哪些资料对攻关和启迪思维有较大作用。

(四)读者今后的资料需求。

读者对服务效果的评价,是对图书馆的一种反馈。向读者征询调查的过程,就是不断改进和提高定题服务的过程。在定题服务过程中,始终贯穿着对读者需求的研究和对读者利用文献规律的探讨,以提高文献提供的准确程度。

参考文献

1. 论专业图书馆的情报服务工作　符志良　《图书情报工作》　1982 年第 3 期

2. 省市图书馆科技情报工作的发展与趋向　丁福让　《图书馆通讯》(山西)　1980 年第 1 期

3. 也谈高校图书馆的情报服务工作　李荫文　葛冠雄　《图书馆学通讯》　1982 年第 1 期

4. 图书馆的参考咨询工作　张若衡节译　《湘图通讯》　1982 年第 3、4 期

5. 开展定题服务的途径和方法　莫作钦　《情报学刊》　1981 年第 1 期
6. 图书馆现代化和参考工作　周迅　杜心士　《北图通讯》　1982 年第 1 期

第六章　组织管理

　　组织就是为使各部门、各工序达到预定的目标而对人力、物力所进行的有机组合。管理就是对生产或业务活动各环节的指挥、调节与控制。组织管理是人们为达到某一具体的共同目标而共同劳动的客观需要。

　　现代图书馆的服务范围不断扩大，服务内容日益增多，其影响与制约因素也越来越多、越来越复杂。为使整个图书馆工作顺利地、有秩序地进行，并取得最大效益，就必须对各个工作环节和运动过程实行科学的组织、计划、指挥、监督和控制，这就是图书馆的组织管理，亦称科学管理。

　　管理按时间形成三个阶段，即事前管理、业务管理、监督。

　　事前管理包括制订管理目标、作出预测（预见在现有因素影响下可能取得的成果），编制计划与制订必要措施。

　　业务管理包括实现上述各种措施的活动，即组织、调度、指挥。

　　监督包括对所获成绩的分析。

　　管理按其作用对象分，可概括为对人力、物力和信息的管理，即对人员劳动、物资设备、反馈信息的管理。

　　读者工作虽然只是图书馆工作的一个组成部分，但由于它的特殊地位与作用，因此有其独特的管理内容。

　　读者工作的事前管理主要是制订服务计划，包括发展读者数、接待读者数、流通书刊数、群众活动次数及其方式等。还包括各项服务指标,如开馆时间、拒借率等。这些计划既要有年度的,也应有季度的和当月的。不仅整个读者工作部门要制订计划,各服务设施及服务组织也应根据其特殊情况分别制订计划。

读者工作的业务管理是在为实现上述目标而进行的业务活动过程中,对人力、物力的组织调度和指挥,如各项设施的使用与管理,制订岗位责任制,人员安排与调配等。

对读者工作所获成绩的分析,首先要根据统计资料进行分析,其次还应对典型事例、读者意见等进行总结分析,从中获取新的信息,作为下一个管理周期的起点与依据。

本章分别从设施管理、人员管理和信息管理(包括效益分析和统计)三方面来论述读者工作的组织管理。

第一节　服务设施管理

设备和物资管理是组织管理的重要内容之一。图书馆读者工作中使用的设备与物资,主要是馆舍、藏书及室内设备。藏书的组织与管理已在前面讲过,这里主要讲馆舍与室内设备的利用和管理。

图书馆要很好地组织读者进行阅读,不仅要具备丰富的藏书和高水平的业务人员,还应为读者提供良好的活动场所、舒适的阅读环境和方便使用的各种设备。这些为开展社会阅读活动所必需的物质条件,统称为图书馆的服务设施。服务设施的管理主要是设施的合理设置与布局。所谓合理设置与布局,即要求各服务设施对外能适应读者利用文献的各种需求,对内能方便各项业务活动的开展。图书馆服务设施的设置与布局是否合理,直接影响到读者利用文献的效果和馆员的工作效率,以至影响到整个图书馆职能的发挥,因而一直为国内外图书馆界所重视。由于各图书馆的条件不同,所以不能按照一个固定不变的模式来设置和布局各种服务设施。然而,设置的类型划分、设置依据和布局要求等方面却有着共同的规律。

一、服务设施的类型

划分服务设施的类型,有利于各类型图书馆根据藏书、读者与馆舍条件,合理地设置或调整服务设施,使这些设施在完成本馆承担的任务中发挥最佳作用。

划分服务设施类型的标准很多,一般可分为基本标准与辅助标准。

基本标准即按设施的功能,也就是按图书馆读者工作的业务活动方式分。如分为外借处、阅览室、咨询处等。不同业务活动方式对设施有不同要求,如阅览室、检索室要为读者提供阅览条件,要求有较大空间,较好的照明与通风条件;而外借处只办理出纳手续,读者所需空间就可以小些,但要与书库紧密连接。又如阅览室限于室内阅读,借阅手续比较简单,借阅记录一般当日即清,不必累积存放,因而馆员所需工作空间较小;而外借处往往同时办理读者登记手续,不仅存放大量读者登记卡,还要办理借还、赔偿等手续,借阅记录存放量大,因而所需工作空间较大。由于设施首先要适应业务活动的需要,所以将此作为划分类型的基本标准。

辅助标准。可分为按读者与文献两个标准。

按读者对象分:一般按读者的年龄、工作性质等来划分。由于划分读者类型的标准很多,因而按读者类型划分的服务设施也有多种。

按文献的类型、学科、语种等分,即按文献载体和出版类型,按文献的学科内容或著述文献所用的语种划分,如外文报刊阅览室、社会科学阅览室、视听资料阅览室等。

上述各项标准中,按服务设施的功能划分是主要的、基本的。

一般小型或基层图书馆往往只需采用这一基本标准。一些大中型图书馆则可根据各馆的实际需要与可能,同时采用基本标准与辅助标准,形成各种具体服务设施。

二、各类服务设施设置的依据

由上述各项标准互相组合,可以产生多种服务设施。各图书馆不可能也没有必要全部设置,只能根据需要与可能有选择地设置。在选择设置时,主要依据以下三个方面的需要。

1. 适应本馆主要读者队伍的需要

各类型图书馆由于性质、任务不同,主要读者队伍也有较大差异。各类读者对图书馆提供文献资料方式的需求具有不同特点,因而对服务设施的要求也各有特点。例如科研人员和高等学校的教师,除需要将图书借出馆外使用外,还由于科研与教学的需要,经常要使用一些图书馆不外借的参考工具书、库存本等文献资料。因而有必要为这部分读者设置工具书阅览室或检索室,设置专门提供阅读库存本和孤本文献的阅览室。再如公共图书馆和高等学校图书馆的大部分读者除有专业学习和需求外,还有广泛的课外阅读和文艺欣赏的需求,并且需求量很大,就有必要单独设置文艺书籍外借处。又如少年儿童读者除对图书有特定需求外,还由于他们性情活泼,不能坚持长时间阅读,在生理与心理方面都与成年人不同,因此有必要为他们单独设置阅览室或外借处。

总之,各图书馆在设置服务设施前,首先要分析本馆主要读者的组成及其阅读需求,以此为主要出发点。

2. 适应各类文献使用与保管的特点

不同类型的文献使用与保管上有不同特点。图书馆在设置服务设施时,必须照顾这些不同特点,使各种文献既能在当前充分发挥作用,又能作为人类文化遗产长期流传下去,供后人利用。

例如普通图书是图书馆藏书的主体,也是读者反复使用的一类文献,此类藏书在各馆一般都备有复本。为方便读者利用,各馆都设置了外借处。但为保证藏书的完整性和长期使用,许多图书馆留有库存本。还有一部分图书因经费、设备或需求量等原因而在图书馆只有单本。对库存本和单本图书,除专门负有保存文献任务的图书馆外,一般图书馆既要妥善保管,以便于随时满足读者急需,又不能片面强调保管,致使这部分图书变成"死书",占去图书馆的大量经费与空间而不能发挥作用。因此,应视情况为此部分图书提供阅览设施。

又如报刊也是读者经常使用的一种文献。报刊所载文章篇幅较短,反映新成果、新信息较快,读者一般在较短时间内使用与更换。它又是一种连续出版物,出版周期短,一般不重印,过时补购比较困难,而且各馆的复本量都较少。所以,图书馆为加快此类文献的流通速度,并保证馆藏报刊的完整与连续,对此类出版物(尤其是现期报刊)一般不外借,而应设置专门阅览室。

至于工具书,这又是另一种类型的文献。此类出版物主要供读者随时查检,读者也很少来系统阅读,同时工具书价格较贵,各馆的复本量很少。所以,也应设置专门阅览室或在外借处提供阅览。

此外还有一些新型载体的文献,如缩微胶卷、录音磁带等,因这些文献在保管时有特殊要求(如对温度、湿度的要求),同时在使用时要借助于专门的设备(如阅读机、录音机等),因此在收藏此类文献较多的图书馆内应设置专门阅览室。

总之,设置服务设施时不可忽略文献本身的特点和本馆藏书情况。

3.适应馆舍、人力等现有条件

服务设施的设置不仅要适应读者需求与文献特点,还必须根据各图书馆现有馆舍条件和人员能力,将需要与可能结合起来考虑。设施过少,固然不能充分满足读者需求与发挥文献作用,但不顾现实可能,片面追求设施的全面性,将造成藏书分散,削弱部分设施的人员与设备,反而影响本馆读者工作的顺利开展。

由于各种服务设施都占有一定空间,并要组织相应的辅助藏书、配备必要的业务人员,因此各馆在设置服务设施时,应首先考虑那些最为读者需要、最能有效利用馆藏的设施,以充分发挥现有藏书、设备和人员的作用,最大限度地满足读者需求。此外,读者需求、馆藏文献和馆舍条件等经常处于变动之中,所以一个图书馆的服务设施也不是固定不变的,应随上述因素的变动而随时进行必要的调整。

三、服务设施布局

每个图书馆都有数个甚至更多的服务设施,这些设施如何合理布局,是现代图书馆十分重视的问题。服务设施的合理布局与提高服务效率有密切关系。首先,合理的布局可以适应各类读者的用书要求与特点,缩短各类读者与特定藏书的距离,加快流通速度;其次,可以适应不同活动方式和不同服务设施的服务特点,更好地发挥各种服务方式和服务设施的作用;第三,可以使读者活动的路线与图书馆内部管理工作的路线互不干扰,方便读者活动与书刊管理。

服务设施布局的合理性主要表现为布局既有层次又有联系。

读者服务活动的方式是多样的,一般可分为群众性活动(如报告、讲座、展览等)、流通阅览和情报服务三种类型。服务设施的布局应适应这些不同类型活动方式的特点,并使其互不干扰。布局的层次性一般依次为:群众活动区、流通阅览区与情报服务区。

群众活动区是图书馆读者集体活动的场所,读者人流来往比较集中,而且一般不使用或者少量使用图书馆藏书,但需要较大空间,如公共图书馆的报告厅、高等学校图书馆供学生自习用的普通阅览室等。因此,此类活动区应作为第一层次,应布局在接近图书馆的入口处,并设有单独出入口,以便随时与整个图书馆隔断,在不开馆期间也能举办各种群众活动。目前许多图书馆将展览、报告厅布局在建筑物的最上层。这从楼板荷载来说,可能比较合理,但大量读者集中上下,很难保持各楼层的安静,而且在活动中间的休息时间内,读者不能就近到院内活动,或挤在楼道里、或往返上下,这必将影响其他读者的阅读活动。这种布局不符合服务设施布局层次的要求,是欠合理的。

流通阅览区是读者利用图书馆的主要场所。读者在外借处停留时间比较短,但由于目前我国的书库管理与出纳主要采用手工方式,书刊传递速度较慢,出纳台前经常出现等候现象。目录室是读者查找图书线索的场所,读者在此只是短暂停留。因此,外借处与目录室一般应布局在离图书馆入口不远处,并留有一定空间。同时由于外借是读者使用图书馆藏书的主要方式,因而借书处与书库的距离不应太远。阅览室是读者在馆内利用图书的场所,应有明亮宽敞、空气新鲜、安静舒适的良好环境,以保证读者阅读的效率。因此,一般应布局在朝向、光线、通风都比较好的位置上,楼层可稍高,应距群众活动区稍远。但阅读报刊的读者较多,且往往带有浏览性质,因此现期报刊阅览室一般应设在楼层较低处,且设有单独出入口,以便与整个图书馆隔断,使读者在闭馆期间内也能阅览现期报刊。

这一层次在大、中型公共图书馆还可以根据读者用书特点进一步划分为两个次一级的层次。第一层次的设施能够满足读者丰富业余文化生活的需要,如现期报刊阅览室、文艺书籍外借处、综合阅览室等。第二层次的设施能够满足人民群众有计划地利用图书馆来提高科学文化水平与专业水平的自学需要,如各种分科阅览室及辅助书库、中文过刊阅览室等。

情报服务区是提供科研用书,交流科学情报的主要场所,也是一部分科研读者长期利用馆内设备开展工作的场所。因而,这一区域需要安静的环境和利用基本藏书的方便条件。一般可布局在较高楼层,应接近基本书库,并尽量避免与读者人数较多的活动场所交叉。

这种布局的层次性从读者流量来看,是随着层次的加深而递减的,但从使用图书的广度与深度来看,是随着层次的加深而递增的,这可使人流与书流之间减少干扰。

根据读者服务设施布局的需要,对图书馆建筑有下列要求:

第一,功能分区明确。即能区别不同对象与不同活动方式的读者活动区,如群众性的与研究性的分开,流量大的与流量小的分开,成人的与少年儿童的分开等。

第二,功能布局紧凑。即使读者与所需书刊联系紧密,使功能相近的设施互相配合,如咨询处与检索室不应相距太远,目录室应靠近外借处等。

第三,适应设施调整变动与开架的需要。图书馆的服务设施往往根据需要与馆内条件的变化而增设或合并,因而要求读者工作用房(包括辅助书库),能有变通的可能,并为管理提供方便,即考虑房屋的通用性。图书馆提供文献的方式由闭架改为半开架和开架,是一个趋势。实行开架方式后,辅助书库与阅览室的明显界限将逐步消失,因而在服务设施布局设计时,阅览室与辅助书库的楼板承重不应有太大差别,以适应今后开架的需要。

第四,造成环境安静、桌椅舒适、光线明亮、空气新鲜的阅读环境。从服务设施布局的角度来看,应着重考虑阅览室的隔声、自然采光与通风。应将阅览室布局在建筑物的最佳方位上。应利用楼梯空间、转角等处设置必要的读者休息场所。

总之,服务设施的布局要适应读者工作的需要,要便于开展各项阅读活动,为完成各项任务创造良好的物质条件。因而要求图书馆建筑以实用、舒适为主,兼顾美观、经济。

四、设备管理

各服务设施内都有相应的设备,如阅览桌椅、书刊架、缩微阅读机、复印机等。这些设备是开展各项工作的必需工具,因而不仅要正确使用,还要精心保养、及时维修。尤其是一些现代化的技术设备,应始终保持良好的技术状态,这不仅要求由专门技术人员使用与保养,还必须制订相应的制度来保证,如制订机器操作规程、设备使用规定等。

第二节　机构与人员管理

一、组织机构

服务设施是开展读者工作的物质条件,但它必须有人员保障,才能形成活动能力。而分散的业务人员必须根据业务活动分工与配合的需要组织起来,才能使整个读者工作部门成为一个分工明确、互相配合、紧密联系、指挥灵活的有机整体,从而发挥设施和人员的作用。将性质相同或相近的工作组织在一个机构内,一方面工作起来手续简便、减少层次,可以提高效率,发挥人员的专长;另一方面也便于分层管理,有利于集中领导。

图书馆服务组织的建立受各馆的性质、任务与人员条件所制约,不可能完全相同,但设立组织机构的要求是一致的。即:

第一,任务明确。机构设置要便于开展工作,完成既定任务。

第二,避免机构重叠或短缺,以免职责不清,互相推诿,影响任务的完成。

第三,指挥灵活,便于管理。机构层次不要过多,以避免指挥传递迟缓,调度不灵活。

第四,能充分发挥现有业务人员的特长,节省人力。

由于读者工作内容丰富,加之所服务的对象与文献利用程度有一定差别,所以一般依据服务对象利用文献的不同广度与深度来分别建立服务组织,以利于馆员对不同读者和文献的进一步研究,提供优质服务。如在读者工作部门下设宣传组、流通阅览组、情报服务组来分别承担群众性活动、外借、阅览和情报服务等任务。为避免机构层次过多,一些中小图书馆将这些组直接与采编部门、行政部门并列。一些大、中型图书馆则在流通阅览与情报服务机构下再分设外借、阅览、复制、咨询、书目等组织。除依上述服务方式建立机构外,也还可以依文献类型与采编部门共同建立机构,如期刊部、外文部。

由于读者工作组织是整个图书馆组织的一部分,因此在建立服务组织时,要与全馆组织机构协调平衡。此外,除常设的组织机构外,往往还在有重点或突击任务时,成立临时性机构。如为某一重大科研课题临时成立定题服务组,或为举办一次大型书刊展览而临时成立筹备组。这些临时性机构甚至可从全馆各部门抽调人员组成,待此项任务完成,该机构则随即撤消。

组织机构设置是科学管理的一项重要内容,我国一些有关图书馆的条例中对此有原则性的规定。如我国《省、市、自治区图书馆条例》(试行草案)中,在"业务组织机构与人员编制"的有关条文中规定:"省馆一般可设下列业务机构:业务办公室、采编部、阅览部、书目参考部(或科研服务部)。"对部以下应设什么组,不再明确规定,但提到"书刊流通工作分阅览、外借和馆际互借等三种方式。省馆应根据需要和条件分设各种阅览室。对研究人员,应尽量实行分科开架阅览,有条件的还应设研究室。"《中华人民共和国高等学校图书馆工作条例》中规定:"高等学校图书馆一般应设办公室、采编部和流通阅览部,各馆根据需要,可分设或增设采访部、编目部、阅览、流通保管部、期刊、情报服务(或参考咨询)部、研究辅导部、特藏部及技术部等机构。"这些规定为我国公共图书馆与高等学校图书馆服务组织的建立提供了依据。但随着新的技术革命的到来,传统的图书馆服务方式远远不能适应信息社会的需求,随着服务活动与服务方式的多样化,服务组织也必将产生新的变化。

二、业务人员

业务人员是形成工作能力的保证与主体,也是影响图书馆读者工作质量的重要因素。人员管理主要有四个方面:一是数量,即全部门的每个单元(各服务设施)需要多少人?二是人的质量,即每一个工作岗位需要什么水平的人员?这里不仅有一个人员条件的问题,更重要的是人员培养问题;三是要"知人善任",即使得人尽其才;四是采取各种措施调动人的积极性。

1.数量

读者工作部门各设施所需人数取决于藏书与读者数,同时还要考虑开馆时间。在安排人员时,必须留有余地或配有机动人员,以保证开馆和内部整理工作的需要。

2.人员要求

图书馆读者工作部门的业务人员担负着指导阅读、传递文献和交流情报的繁重任务,图书馆的许多职能要通过他们的劳动才能最终实现。他们直接、频繁地与读者接触,广大读者往往以这些业务人员的服务态度、熟悉文献的程度,以及运用文献解决问题的能力来衡量一个图书馆的工作水平。可以说图书馆工作水平的高低,在很大程度上取决于读者工作部门业务人员的水平。因此,对业务人员应有一定要求。

(一)基本要求。读者工作对业务人员的要求是由它的性质和任务决定的。读者工作是文献交流与阅读指导系统的重要组成部分。它利用本身丰富的藏书为提高人民的思想觉悟和道德修养、为科学研究和生产建设服务。因此,作为社会主义图书馆的读者工作部门的人员,首先应该具有正确的政治观点和人生观,才能紧密配合党和政府的各项政策,进行宣传并组织阅读;同时应该具有一定的科学文化知识和图书馆专业知识,才能理解和分析文献,从事日常业务工作。馆员还应该是阅读活动的积极参加者,他应掌握一定的阅读技巧,以便更多、更快地熟悉文献,迅速、准确地传递情报与进行阅读指导工作。

(二)特殊要求。读者工作部门的业务人员利用图书馆藏书为读者服务,必须具有良好的职业道德,这包括爱护藏书、尊重读者、文明服务等。但最重要的是正确认识自己的职责,树立全心全意为读者服务的思想,千方百计地为读者利用藏书提供方便。文献是人类智慧的结晶,是全人类的宝贵财富,每个社会成员都有权利用。馆员作为这些财富的保管者与传递者,应尽量使图书馆藏书发挥最大的效用,使这些宝贵的人类财富为四化服务,为提高人民的科学文化水平服务。

其次,读者工作部门的业务人员直接从事接待读者、指导阅读等活动,随时需要和读者交流思想,以便根据读者的不同状况确定服务方式与服务内容。在与读者交谈或进行读者调查时,需要一定的心理学与社会学知识,而在对读者进行具体帮助时,教育学理论方法的运用将使工作更有成效。所以,读者工作要求其业务人员具备一定的教育学、心理学、社会学知识。

第三,读者工作部门的业务人员经常需要用口头方式宣传阅读的意义、宣传文献、宣传文献利用知识、宣传规章制度等。因此,应该有较好的口头表达能力,并掌握一定的语言运用技巧,以获得良好的宣传效果。

第四,读者工作部门的业务人员不仅要对个别读者进行教育或辅导,往往还要对读者群实行集体培训或开展规模较大的宣传活动,这都需要一定的组织能力。这种组织能力表现为工作有计划、有安排,办事迅速果断,临时应变能力强。

从整体来看,读者工作部门的业务人员都应具备上述基本要求与特殊要求,但因接受服务的读者、他们所利用的文献和图书馆服务方式等条件的不同,而对业务人员的具体要求又有一些差别。

例如各种流通阅览以提供一次文献为主,读者流量大,馆员需要迅速准确地从大量藏书中提取读者所需文献,因而特别要求馆员动作迅速、熟悉藏书布局;又因每天要组织大量借阅档案,要求馆员认真细致;而流通阅览中的阅读指导大多以个别交谈方式进行,这就要求馆员掌握个别交谈的方法与技巧。

又如在情报服务中,馆员需要大量利用参考工具书与检索工具来解答读者咨询和检索文献,因而应特别熟悉中外文工具书,并具有熟练的检索技能;情报服务中还需要主动报道文献、编制各种二次文献,这就需要馆员具备一定的目录学知识;此外,情报服务的对象多是各行各业的科研与技术人员,他们所需文献都有一定的专业深度,而且使用的文种也比较多,所以,馆员只有具备一定的学科专业知识与外文水平,才能帮助他们检索与筛选文献,提供有价值的科学情报。

再如,对于读者工作部门的领导人员,不仅要求他们熟悉各服务设施的业务活动及具体操作技术,熟悉全馆藏书与目录的分布情况,还应掌握全馆读者的主要情况及本部门工作人员的特长及弱点,具备一定的管理科学知识。

(三)正确处理馆员与读者的关系。在读者工作部门,处理好馆员与读者的关系是十分重要的。从各自所处的地位看,馆员是文献提供者与活动组织者,读者是文献需求者与活动参加者,但这只是社会分工形成的,并没有高低上下之分。在处理馆员与读者的关系时,一般地说,矛盾的主要方面在馆员。馆员应该做到以下几点:

第一,爱护读者的阅读积极性,充分满足其阅读需求。读者都是怀着阅读愿望到图书馆来的,但由于其文化程度、社会职业等的不同,他们的阅读修养参差不齐。我们应当爱护每个读者的阅读积极性,尤其是对那些初次进馆或很少利用图书馆的读者,更要热情接待,耐心了解其需求。如果读者提不出具体需求,馆员应主动推荐,指导阅读,使读者不断提高阅读兴趣,不应漠然置之。对那些因学习或工作需要而索取大量文献的读者,一方面应尽量满足其需求,另一方面应深入了解其需求,帮助读者选择文献和安排文献的利用计划,而不应有急躁情绪与不耐烦态度。对于读者的某些不正当的要求,一方面要耐心宣传本图书馆的方针、任务,同时应特别注意引导他们提出正当需求,使他们的阅读愿望得到满足。

第二,平等待人,不以读者社会地位、文化程度甚至馆员个人喜恶为接待标准。图书馆是社会文化教育机构,是为全民服务的,社会的每个成员都有权利用图书馆的藏书。当然,由于各种条件的限制,每个图书馆都只能接待一部分社会成员,尽管这些社会成员的社会地位、经济状况、文化程度各不相同,但作为图书馆读者,在馆员面前只有文献需求的差异,没有地位的高低。虽然馆员可以在服务内容与服务方式上有所区别,但在接待读者的态度上应一律平等。

第三,坚持向读者学习。任何图书馆员的知识水平都是有限的,因此在服务过程中,馆员既是教育者,又是受教育者;既是指导者,又是被指导者,馆员需要不断向读者请教,以扩大自己的知识面。读者中不仅有各行各业的专家,也有许多有一技之长的普通劳动者,他们的知识都可作为馆员学习的内容。

第四,文明服务。图书馆本身是一个传播知识、建设精神文明的重要阵地,作为其工作人员,对读者应有礼貌,热情周到,讲究语言艺术,做到文明服务。

3.人员培养

随着科学技术和生产的发展,社会对图书馆的要求愈来愈高,

162

读者需求的广度与深度也都大大增加,读者工作中的各项情报服务活动日益受到重视,并迅速发展,这些都对读者工作人员提出了更高的要求。面对这种状况,图书馆必须加强对在职人员的培养。现代科学技术发展很快,一个大学毕业生如果长期不学习新知识、新技术,他的原有知识储备很快就不能适应工作要求,因此,人员培养不仅对部分未受过高等教育和专业训练的业务人员是一个重要问题,对那些受过高等教育和专业训练的业务人员也是必要的。读者工作部门应该根据上述各工作岗位对人员的不同要求,有目的有计划地培训业务人员。这种培训应该循环进行,以使业务人员的知识不断更新。

人员培养应采用多种方式。除在全馆计划内安排进修或系统培训外,应强调自学和在实际工作中学习。读者工作部门的许多工作,如阅读指导、参考咨询、定题服务等的实践都是提高业务人员工作能力的重要途径,应组织有经验的馆员总结实践经验,并传授给其他人员。

4. 人员配备

合理使用各种学有专长的业务人员,合理安排各级人员的工作,可以提高工作效率,以较少的人力获得较大效益。在配备使用业务人员时,一般应注意以下几点:

(一)根据各部门不同要求配备业务人员。由于读者工作各部门对业务人员有特殊要求,各馆应根据这些要求配备合适的人员。当然,在我国目前情况下,许多图书馆可能没有足够数量的各种专业人员,但也应将那些有一技之长或有培养前途的同志安排到合适的岗位上去,并在工作中注意培养,提供进修与学习的机会,使这些同志尽快达到岗位要求。

(二)各级人员要配合使用。图书馆员有初、中、高各级职称的区别。在读者工作的各部门、各设施内,需要配备各级业务人员,分别担负不同的具体任务。这一方面可以充分发挥各级人员的能力,做到人尽其才,另一方面也可以使得各尽其职。

(三)从馆员的实际情况出发,全面考虑安排。由于读者工作是一项服务性很强的工作,各服务设施都不能随便停止开放,这就要求在配备人员时,不仅根据业务要求,还要考虑馆员的身体和家庭状况,以保证人力调配得当,保证开馆的需要。

5. 岗位责任制

人员管理的目的之一是充分调动每个工作人员的劳动积极性,提高劳动生产率或工作效率。目前我国图书馆正在试行的岗位责任制与劳动定额管理都是调动人员积极性的有效措施。这些措施虽然还很不完善,然而作为科学管理的方法是应该肯定的。在制订岗位责任制时,应首先对各岗位的工作进行分析,这种分析至少应包括:岗位名称;岗位所承担的任务与所负的责任;该岗位所处的地位(受谁领导、领导谁,与哪些部门或工作环节有关系)及这种地位的重要程度;担任本岗位工作所需的条件(包括必要的知识、技能、经验、决策能力以及应受的专门训练等);本岗位的工作环境条件(是否特别恶劣)以及人员的体力、脑力、精神等方面的负荷量等。然后将不同岗位的上述因素以统一的尺度给予评价(如用等级记分法),借以定量化地确定各工作岗位的相对价值(不是对人的评价)。所规定的各岗位的标准工作量即为劳动定额。定额的确定要经过多次实践检验,并考虑现有条件,偏高或过低都会影响人员的劳动积极性。

在制订岗位责任制后,还应对各岗位上的人员进行劳动考核(或考查),即对各工作人员的工作成绩及能力进行评价。这种考查与评价应避免只注重学历、资格或工作年限,并应尽可能减少因领导者或主管人员的主观印象所带来的偏差。

三、工作制度

制度是各项活动中一切有关人员共同遵守的行动准则,其约束力限于参加此项活动的人员。现代图书馆读者工作的内容很多,读者面愈来愈宽,读者需求多样化与文献内容复杂化的矛盾日益加剧,以致工作人员为解决此矛盾而开展的业务活动不断扩大与深化。在这些活动中,各种因素(主要是读者、馆员和文献)因不同特点和需要互相作用与影响着,形成一种复杂的关系。在如此复杂的活动中,除了应建立一个合理、科学的机构体系和一支有一定数量与质量的干部队伍之外,还必须有一整套与之相适应、彼此制约的工作制度做保证。从而使每个工作人员对每一项工作的每个工作过程都有所遵循和依据,以保证有众多人员参加的各项活动能有秩序、有步骤地进行。工作制度是合理组织劳动的纽带,是科学管理的工具。

图书馆读者工作的工作制度主要分为领导者的政策性制度、馆员工作制度和读者借阅制度。所谓政策性制度是指对全馆读者工作有指导意义的制度,如业务分工、干部的配备与培养等规定,此类制度多由领导者去执行,因而比较全面、概括,原则性强。所谓馆员工作制度,是指图书馆中的读者工作人员在接待读者、完成本职工作及业务往来中的行动守则、职责权限以及工作交接手续等,此类制度由业务人员执行,并且往往作为检查工作质量的标准之一,因此应该力求合理、简便、易于检查评比。所谓读者借阅制度,是为了加速图书的周转、保证借阅工作顺利进行并保护藏书的完整而制订的读者行为规范,它使读者明确其在图书馆内应享受的权利和应尽的义务。

工作制度按其本身的深度可分为业务工作制度与业务工作细则。所谓业务工作制度,是指对重要业务环节的具体规定,如入库制度、外借制度;所谓业务工作细则,是指对各项工作流程的具体规定,它指明各段工作的具体内容、质量要求、操作技术、注意事项等,是馆员进行工作的具体守则,如参考咨询工作细则、静电复印机操作规程等。

工作制度是馆员在开展工作时遵守的"法律",因此,在制订制度时应十分慎重,应注意以下几点:

第一,制度要科学、严密、简明。即制度内容要系统,既要有全馆性的制度,又要有各设施的特殊规定。各项制度要合理,并且互相衔接,不使有遗漏与脱节,不自相矛盾。文字要简明扼要、切忌模棱两可和概念含混不清的词句。

第二,制订、审批、修改要按照一定程序进行,使之成"法",不得任意修改与废止。规章制度不是朝夕之间形成的,而是将那些在长期实践中被证明是符合或比较符合读者工作规律、行之有效的某些规定和办法,加以总结,并经过有关领导部门批准,才成为赋有法律意义的条文。因此,它是不断完善的。一方面应该通过实践的检验,随着情况的变化而对规章制度进行适当修改,但由于它是馆员行为与工作的规范,所以另一方面又必须相对稳定,朝令夕改将使人们无所适从。

第三,制度要符合本馆方针任务、读者与藏书特点以及设备条件。即要从实际出发,不能生搬硬套他馆的规定。

第三节　读者工作效益评价

一、效益评价的作用

效益评价是指对某个部门、某项工作成效优劣程度的评定。读者工作是图书馆利用藏书直接为读者服务的活动,它开展得好坏直接关系到图书馆职能的发挥。因此,各馆都力求提高读者工作水平,以充分发挥图书馆的社会作用。但"提高"是一个进行比较的相对概念,无论是横向比较,还是纵向比较,都必须首先对读者工作成效的优劣程度进行评定后才能进行。

效益评价的作用是多方面的。

首先,这种评价是对成绩和特点的分析,也是一种信息反馈。它是管理新周期的起点,即根据反馈的信息来调整系统的结构与运行,使得工作按人们所期望的方向与效果进行。也就是将测定的实际工作情况的信息与预定计划进行对比,然后改进工作,或根据变化了的情况,部分地调整计划。

其次,通过效益评价可以确定提高工作效率的主要因素,探讨高效率的工作方法。由于在效益评价中,要提出一些标准和指标,我们可以分析影响各指标数值的因素,并从中找出起主要作用的因素,比较不同工作方法对指标的作用,从而寻求高效率的工作方法,较快地提高工作效率与效果。

第三,效益评价可以反映各馆读者工作的状况与水平,使工作人员看到自己工作的成果,增强信心与责任感。

读者工作效益评价的目的是通过信息管理,明确奋斗目标。即根据不断变化的读者需求和文献状况,进一步改进服务手段,扩大服务途径,以满足读者的情报需求与精神需求。

二、效益评价的标准

读者工作的效益评价应以满足社会的情报需求与人们的精神需求为标准。然而这种情报与精神需求的严格比较与评价是一个很复杂的问题,很难准确地确定与计算。我们一般从读者工作所产生的社会效果、经济效果和图书馆利用率三方面进行分析比较。

1. 社会效果

我国图书馆的性质决定了读者工作的任务。因此,进行读者工作效益评价时,首先应根据图书馆在提高广大人民群众政治思想觉悟、专业和文化水平方面,以及在我国四个现代化建设方面所起作用的大小来评定。即从图书馆读者工作所产生的社会效果来加以评定。但社会效果方面的成效,不是短时期能反映出来的,一般应以一个较长时期的总成效来衡量。对于这一方面的效益评价可分为两部分,一部分是直观效果,如参加各项活动的人数,读者借阅各类读物的数量等。一部分是非直观效果,如读者通过阅读书刊提高了思想觉悟,或扩大了知识面,提高了专业水平等。直观效果可以通过各种统计指标来显示其成效大小,非直观效果则表现为读者觉悟与行为中的具体进步。

2. 经济效果

读者工作的另一个重要作用是传递文献、提供情报,为经济建设服务。文献在科研与生产的发展中起着重要作用,间接产生经济效益,这种经济效益的大小也可作为评定读者工作效益的一个方面。但文献在科研与生产中产生的经济效益不能全部归功于读者工作。因为文献能否产生经济效益及效益的大小,取决于多种因素,其中主要是文献资料编著者、加工传播者和利用者三方面。首先,文献本身要含有丰富的内容和先进的科技知识;其次,要使利用者能方便地查到并利用这些文献;最后,利用者要结合实际创造性地运用这些知识及成果,才能产生较好的经济效益,其中任何环节的失误都会影响经济效益。图书馆读者工作作为实现文献经济效益的中间环节,其作用是十分重要的。它为读者提供的检索途径、检索速度、检索效果以及接待读者的方式等许多方面,与文献能否产生经济效益有直接关系。但它又不能代替另外两个因素。因此,我们在评定读者工作效益时,一方面应重视这种经济效果,另一方面也不能片面夸大。

读者工作所产生的社会效果与经济效果是评定其效益的两条重要标准,但这种效益的评价是较难严格测定与比较的,因而通常使用图书馆的利用率来进行比较。

3. 图书馆利用率

图书馆利用率作为读者工作效益的评定标准,比较容易测定,因而便于比较。一般地说,图书馆的利用率愈高,所满足的读者需求也就愈多,其产生的效益也就愈大。

读者工作使用的主要是藏书利用率、馆舍和设备利用率以及业务人员利用率。

(一)藏书利用率

对于藏书利用程度,以往我们都使用"图书流通率"这一指标。图书流通率指的是平均每一册藏书在一年中被利用的次数(包括外借、阅览、复制等)。图书流通率亦称图书周转率,它反映图书馆藏书被利用的程度,也反映馆藏质量与服务水平的高低。但图书流通率只能反映藏书整体的利用状况,并不能反映出藏书的实际有效利用程度。因为实际上各馆藏书中只有一部分书在流通,还有相当多的一部分藏书长期无人借阅,图书流通率掩盖了某些图书没有投入流通的现象。为反映藏书的实际利用程度,应引入"藏书利用率"指标,即用于流通的图书在整个藏书中所占的比例。图书流通率是以流通总册次与藏书总册数进行比较,藏书利用率应以实际投入流通的图书册数与藏书总册数进行比较。

此外,图书流通率和藏书利用率无法表示藏书的各具体部分在满足读者需求中所占的地位与比重,不能为藏书建设提供准确的反馈信息。应该按学科、专题或文献类型分别计算藏书利用率,并计算出各部分藏书利用率在整个藏书利用率中所占的比重,作为补充藏书的重要依据。苏联图书馆界提出"藏书与读者需求一致率",即指某部分藏书的利用率应与该部分藏书补充在整个藏书补充中所占的比率一致。这可使藏书更适应读者需求的水平与结构,消除图书馆藏书的数量增长与利用增长之间的不相称的结构状态,防止为购置不常用出版物而耗用大量资金。提高图书流通率与藏书利用率的关键是具有适应读者需求的合理的藏书结构和采取积极主动的服务方式。

在使用"藏书利用率"的同时,还可以利用"图书拒借率"这一指标从另一个角度来评定满足读者需求的程度。所谓拒借,就是图书馆未能满足读者的借书要求。拒借率则是指一定时期内,读者向图书馆提出的合理借书要求中,未能借到部分所占的比例。

图书流通率、藏书利用率、图书拒借率从不同方面反映一馆藏书的利用程度,是图书馆读者工作效益评价中经常使用的指标。

(二)设备利用率

设备利用率首先表现在开馆时间上。

一个图书馆开馆时间长,读者利用图书馆的机会就多,图书流通率和读者阅读率等也会相应提高。一些国家的科学和高等学校图书馆二十四小时开放,极大地方便了读者。还有一些国家对公共图书馆的开放时间订有最低标准。如美国的图书馆服务标准规定中心图书馆每周开放时间不少于 66 小时,英国规定中心图书馆、总馆和区馆每周最少开放 60 小时。我国虽然没有全国统一的服务标准,但在一些有关条例中也做了类似规定。如在《中华人民共和国高等学校图书馆工作条例》中就明确规定:"开馆阅览时间每周不少于 70 小时。"不应强求各类图书馆的开馆时间都一致,要对图书馆所在地区的经济、文化,甚至交通情况进行调查,对读者需求进行充分调查,并结合各图书馆的人员条件,规定出合理的开馆时间指标。目前我国许多图书馆的开馆时间不是太长,而是太短。因此,强调开馆时间指标有其重要的现实意义。

其次,设备利用情况还表现在读者到馆率上。读者到馆率指平均每个读者全年到图书馆来利用文献的次数。它从一个方面反映了图书馆的利用程度和读者的积极性。但在利用这一指标进行效益评价时要注意以下两点:

(1)使用读者到馆率进行比较时,必须同时比较读者总数和读者普及程度,不能只强调提高读者到馆率而忽视读者总量的增长。

（2）读者到馆率不能完全反映图书馆书目资源的利用率和满足读者文献需求的真实程度。由于图书馆采用越来越多的情报服务方式，使读者在一定程度上不必要亲自到图书馆来查目与借阅。因此，在以积极主动的方式服务时，读者到馆率可能提高不多，而文献与书目资源的真正利用率却增长很多。在信息社会中，人们可以在办公室或家中使用电子计算机终端来利用图书馆的书目资源与文献，此时，读者到馆率将有更大变化。所以，读者到馆率更多地反映着馆舍及设备的利用程度，不能完全反映图书馆的利用程度。

当然，设备利用率还反映在复印机、视听设备等的利用程度方面。

（三）人员利用率

人力的利用也是图书馆利用率的一个重要方面。利用有限的人力来做更多的工作，取得最大限度的工作效果是我们力争的经济效益。

人员利用率首先表现为"馆员工作量"指标。这是指每个工作人员在一年内接待读者与出借书刊或解答咨询、编制书目等的数量。

馆员工作量指标愈高，则该馆的人员利用率愈高。准确地计算工作量，是促进图书馆工作实现定额管理的重要方法，它有利于发挥和调动人的积极性，并可为图书馆的科学管理和业务人员考核提供定量依据。

人员利用率其次表现为人员的合理使用。这不仅有人员配备问题，还应尽量减少使用大量人力从事低效率的简单劳动。在逐步采用开架方式与自动化流通管理系统以后，应通过培训将更多的人力投入文献检索、咨询服务、书目服务等工作，以大大增加图书馆的情报服务能力，满足更多的情报需求。

以上各种利用率要依靠准确的统计来测定和分析,所以,效益评价要求建立完善的统计制度。

三、评价方法

读者工作效益评价主要采用计量评价、等级计分评价以及群众鉴定和专家鉴定三种方法。

1. 计量评价法

即利用上述各项指标,算出指标数值进行对比,以指标数值的大小来分别评定服务工作的各个方面。可进行单项指标评定,也可结合利用下面的两种方法进行全面评定。在利用计量评价法对馆与馆之间进行效益评价时,应注意各馆的不同条件,不能单凭计算出来的指标数值进行比较。

2. 等级计分评价法

这种方法主要用于两方面,一是将上述各项指标按数值大小划分等级,依次记分(如拒借率为 30% 以上的记 1 分,20%—30% 的记 3 分,10%—20% 的记 5 分),然后将各项指标的得分相加,进行总体评定;另一是将一些无法计量的服务水平,如服务态度、环境卫生、书库管理等按不同标准分成若干等级,依次记分,然后将各项得分相加,进行评定。

3. 群众鉴定与专家鉴定

这主要用于社会效果与经济效果的评定,用于对整个读者工作质量的评定。可邀请读者代表和各方面的专家(包括图书情报部门的专家)对图书馆读者工作在完成各项任务中的成效进行总评价。

读者工作效益评价应结合使用上述三种主要方法,方能全面、客观地得出结论。

第四节　读者工作统计

统计是记述社会现象数量关系的一种手段,是对社会现象进行调查,在占有实际材料的基础上加以综合分析,从而提高到理性认识的一种方法,也是科学管理中获得准确信息的一种工具。

图书馆读者工作统计是对读者服务工作的数量记录与分析,是效益评价的一种凭据,是加强科学管理的手段,也是了解文献流通和读者需求变化的重要方法。

一、建立读者工作统计制度的意义

首先,统计是分析和提高读者工作质量的科学依据之一。通过统计可以用数量表示服务的效果,如发展读者数,全年借阅人次、册次等。这个数量部分主要来源于统计资料和统计分析。图书馆主管部门、全体工作人员都可根据这些材料来衡量本单位工作任务完成的优劣,对比本馆历年工作情况,找出弱点,研究原因并采取相应措施,不断提高服务质量。

其次,统计是制订与检查计划的依据,是一种信息反馈。计划需要实践的检验,而统计资料正是实践的记录。我们在制订计划时,除了要贯彻全馆方针任务和考虑藏书、馆舍、人力等条件外,主要依据上一年度(或上一阶段)的各项统计资料。只有在已有成绩的基础上,才能根据需要与可能制订出切实可行的新计划。在年中或年末检查计划执行情况时,也要以预定的各项服务指标作为对比依据,然后根据执行情况与实际可能进行必要的修改。

第三,统计为本学科的理论研究提供实验数据。各学科的研究都必须有数量分析。我们可以从统计资料和统计分析中,得到必要的数据,发现并总结出读者工作的一般规律,进一步指导读者工作的实践,使读者工作的理论研究不断深入与提高。

二、读者工作统计的种类

图书馆读者工作中要进行统计的事项很多,各馆应根据业务工作开展的广度与深度来确定,不应完全相同,但基本统计应包括以下三种:

1. 读者统计

读者统计是图书馆读者工作统计中的一项重要内容,它不仅要求有读者总数、历年读者数量的变化,而且应该有读者构成的分类统计,如按职业、年龄、性别划分,高等学校和科学图书馆的读者按职称划分,少数民族地区图书馆的读者按民族划分等。此外,还应有现实读者与潜在读者、读者与居民、读者与全体职工的对比统计等,以便保证服务重点和提高读者普及程度。

2. 借阅统计

借阅统计是图书馆读者工作统计中的主要内容,它包括两大部分,一是借阅者(即读者)统计,一是被借阅的文献统计。

(一)借阅者统计:此类统计不仅要有总的借阅人次统计,还应有按读者构成和按流通方式等划分的分类统计。例如:按读者构成划分的借阅统计(公共图书馆)。

读者(人次) 月	一月	二月	三月	四月	五月	六月	… …	总计
科研人员								
机关干部								
工人								
学生								
：：								
总计								

(二)文献统计:此类统计不仅要有总的借阅册次统计,还应

174

有按文献内容、文献类型,按流通方式、按语种等划分的分类统计。
例如:按文献内容划分的文献统计(用《中图法》)。

类别（月册次）	一月	二月	三月	…… ……	总计
A(马列)					
B(哲学)					
C(社科总论)					
D(政治)					
E(军事)					
F(经济)					
⋮ ⋮					
总计					

3.其他服务活动统计

它包括阅读指导、宣传活动、书目服务、咨询服务、定题服务等各项活动的统计。如开展活动的次数、内容、参加人数、参加者的构成统计等。这些活动中有许多非数量统计的内容,应另行总结。
例如:咨询服务统计。

类别（服务）	接纳咨询	解答咨询	咨询工作完成率
社科			
自科			
其他			
总计			

三、读者工作统计指标

统计指标是统计对象在具体时间、地点、条件下的数量表现。每个统计指标都由指标名称和指标数值构成。指标名称是说明统计对象的科学概念,说明统计对象的实质。因此,对指标名称的涵义要有准确的说明。指标数值是说明某种现象在一定时间、地点和条件下的规模、水平、速度或比例关系,它反映着现象的数量,说明统计对象的量。由于统计数值要通过一定的计量单位来表现,所以必须确定图书馆读者工作统计中的计量单位,并使之标准化。

统计指标按其所反映的数值的特点,可以分为数量指标与质量指标。凡是反映社会现象的总规模水平或工作总量的统计指标称为数量指标,亦称总量指标;凡是反映社会现象的相对水平或工作质量的统计指标称为质量指标。数量指标都用绝对数来表示,质量指标都用相对数或平均数来表示。

读者工作中常用的数量指标有:读者数、藏书数、借阅人次(以一个读者办理一次借阅手续为单位)、借阅册次(以一册书刊办理一次借阅手续为单位)以及群众活动数(包括活动次数、参加人数)等。

读者工作中常用的质量指标有:读者普及率、读者到馆率、读者阅读率、图书流通率(或称图书周转率)、图书拒借率、馆员工作量等。

在设置读者工作统计指标时,应考虑自身管理工作的需要,并使各统计事项易于取得准确数字,形成科学的指标体系。

四、统计分析

统计分析就是在占有统计资料的基础上,运用各种统计指标来研究社会现象在一定时间、地点、条件下的具体数量关系,并从这些数量关系中探讨事物的性质、特点及其变化规律,从而揭露事物的矛盾,提出解决矛盾的办法,以改进工作。

统计分析的第一步是对所获得的各种统计资料进行汇总、整理,然后根据已定的各项统计指标求出指标数值,最后利用这些统计指标进行现象特点和变化规律的分析研究。

统计分析可以是整体分析,也可以是局部分析甚至个体分析。所谓整体分析,就是将全馆甚至整个主管部门所属各馆的统计资料进行汇总、计算,将它们当作一个整体来进行分析。如某省公共图书馆的读者普及率,某校图书馆的读者到馆率等。所谓局部分析,就是对整体中的某一部分进行统计分析。如某省所属县馆的读者普及率,某校图书馆研究生的到馆率等。所谓个体分析,就是有目的地对个别读者或文献实行单独统计,并加以分析,如对个别读者到馆次数的情况分析,对个别读者所借阅文献的构成分析等。整体分析、局部分析和个体分析是互为补充的,它们可以反映图书馆读者工作的全貌、局部状况和典型情况。由于统计分析是建立在统计资料和统计指标基础上的,所以应根据各种统计分析的需要来建立统计指标和确定统计事项。

统计分析的方法很多,读者工作中常用的统计分析方法有:平均分析、结构分析、强度分析、利用程度分析和动态分析等。

平均分析就是在同质总体内,通过计算平均指标的办法,反映事物总体在具体条件下的一般水平。如读者到馆率就是通过计算某一图书馆某一年度内平均每个读者到馆的次数来反映该馆在特定时间内被读者利用的一般情况。

结构分析是在资料分组的基础上,通过计算结构相对指标,来研究总体各组或部分的分配比重及变化情况,从而更加深刻地认识事物各个部分的特殊性质及其在总体中所占有的地位。如计算各类型读者在全馆读者中的比例,可以有重点地发展读者,并结合各类型读者需求来补充藏书和开展服务工作。

强度分析是两个不同总体而有联系的指标之间的对比,来说明现象的密度和普遍程度。如藏书保障率就是一个图书馆藏书与读者的对比,说明每个读者可能利用的藏书数量。

利用程度分析是以实际利用数字与可能利用数字对比,计算利用程度指标,来研究被利用的水平。如藏书利用率就是实际利用的图书数量(投入流通册数)和可能提供利用的图书数量(藏书册数)的对比。

动态分析是从历史方面研究社会现象数量关系的发展过程,来认识其发展规律,并预见其变化趋势。即把说明某种现象的各个时期的统计资料,按时间顺序加以排列,进行前后时期的对比,研究现象发展变化的方向、速度及其规律。如通过对历年各月借阅人次与册次的分析,可总结出本馆读者来馆借阅的"高低峰"规律,即可分析其原因,合理组织人员和安排工作。

统计分析还有许多方法,如因素分析、相关分析、平衡分析、抽样推断等,但目前并未广泛应用于我国图书馆读者工作中。如何将统计分析的各种方法运用于图书馆读者工作,还是一个有待深入研究的课题。

参考文献

1. 《图书馆管理》 辛希孟 江乃武编著 1981 年

2. 图书馆的效益问题 张晓林 《图书馆学通讯》 1984 年第 2 期 第 47 – 56 页

3. 图书馆工作的评价 宋德生 《图书情报工作》 1983 年第 1 期 第 21 – 25 页

4. 论图书馆工作者的知识结构及核心知识 蔡迪申 《图书馆学刊》 1983 年第 3 期 第 1 – 3 页

5. 试论统计在图书借阅中的意义和作用 王尚文 高疏芬 《图书馆学通讯》 1981 年第 1 期 第 46 – 51 页

第七章　读者工作的发展

第一节　我国读者工作的发展历史

我国图书馆的读者服务观念和读者服务工作有一个从初级到高级的发展过程。现将其变化和发展分为四个阶段阐述。

一、初期的读者服务观念

1."藏书公开"思想的萌芽

我国封建社会的藏书事业有悠久的历史。最初由宫廷藏书、官府藏书,逐渐发展到书院藏书、私人藏书。宫廷藏书只供皇帝一人使用。官府藏书的职能主要是搜集、整理、保存历代的书籍,它的使用对象多限于考订、校对、编目、传抄等整理这些书籍的官员。私人藏书属于藏书家个人的私有财产,搜集到一些珍贵书籍后便"秘而不宣",唯恐别人知道。可见,封建时代的公私家藏书主要用于保存,而很少用于流通使用。

经过漫长的岁月,随着社会的进步和经济、文化的发展,至明朝以后,一些明智之士开始提出流通图书的建议。

早期明确提出流通图书倡议的是明崇祯进士曹溶。他鉴于藏书往往遭受兵灾火厄而散失、焚毁,使"其书十不存四五"。又鉴于珍贵书籍"一归藏书家,无不绨绵为衣,旃檀作室,扃钥以为常"。而"稍不致慎,行踪永绝,只以空名挂目录中"。所以他拟定

179

"流通古书约"。（见曹溶著《流通古书约》，古典文献出版社）他指出：藏书家们的职责不仅在于保存，更重要的在于流通，以使古人竭一生辛苦所著之书，不致因秘藏而湮灭。他提出的流通图书的方法有两种：一种是"有无相易、精工缮写"，另一种是"出未经刊布者，寿之枣梨"。也就是说，将稀有的古籍付之版刻，使其流传。曹溶提出的流通古书就是用传抄和出版两种办法，使古书冲出原有的范围加以流通。

继之，清朝丁雄飞与同代著名藏书家千顷堂主人黄虞稷二人互订协约："每月十三日，丁至黄（家），二十六日黄至丁（家）"。"尽一日之阴，探千古之秘。或彼藏我缺，或彼缺我藏，互相质证，当有发明"。并互订借书条约："借书不得逾半月"。"还书不得托人转致"。（见《古欢社约》载《檀几丛书》卷三十一）

这两个协约在清代文化界中产生了一定影响。它的作用在于号召藏书家打破"秘不示人"的陈规，将书籍由私人秘藏经过传抄与刊刻使之流通传播。曹溶、丁、黄等人所讲的"流通图书"与我们现在图书馆所讲的"流通图书"的含义有很大不同。他们所倡导的流通只不过是将藏书公开，允许别人观看、传抄或出版而已。但他们在当时的历史条件下，能够提出将珍贵图书从藏书家的重重禁锢下解脱出来，予以公开，这种思想和见解具有一定的进步意义。

大约一个半世纪以后，清乾隆进士周永年鉴于寒士读书之难，提出了"儒藏说"。他指出："穷乡僻壤，寒门窭士，往往负超群之资，抱好古之心，欲购书而无从。"因此他希望"千里之内，有'儒藏'数处"，让这些有才华的读书人前往观读，则"数年之内，可略窥古人之大全，其才之成也，岂不事半而功倍哉"。（见周永年著《儒藏说》，载《松邻丛书》第三卷）为了实现自己的理想，周永年将一生辛苦积蓄的万余卷藏书全部拿出来公开，以"招致来学"，并把他的藏书室命名为"藉书园"。藉者借也。

周永年在"儒藏说"中有两个值得注意的思想:(1)变"一家之藏"为四方之士"共读之藏";(2)所藏书籍四方异敏之士均可来读。他的这些观点中孕育着初期的公共使用藏书思想的萌芽。

周永年的这些思想和行为可以说是对历代藏书家的一次大胆挑战,在我国私人藏书史上具有划时代的意义。可惜在当时的历史条件下,他孤身奋战,这些先进的思想不但得不到支持,反而被世人讥为迂腐。他的"藉书园"藏书也因天灾人祸,几经损失,最后化为一空。

大约在周永年以后一百年左右,清道光年间,内阁中书国英将自己的藏书楼取名为"共读楼","准人入览"。他说:"其所以不自秘者,诚念子孙未必能读。即使能读,亦何妨与人共读。成人成己,无二道也。"(见国英编著《共读楼书目》序,1880年印本)

共读楼曾拟定了一个较详细的借阅规则。其中规定了开馆日期、借阅册数、借阅办法以及损坏图书、保管藏书的办法等。这是我国私人藏书楼中早期较为完善的一个借书规则。值得提出的是"共读楼"紧密配合当时知识分子的考试而增加开馆时间。平时每月只逢初三、初八两日开放。但遇乡试之年,自七月二十五日至八月初五日连开十天。遇会试之年,自二月二十五日至三月初五日连开十天,以应来京考试之士观阅书籍。

藉书园、共读楼是我国早期私人藏书公开的典型。除私人藏书公开外,官府藏书至清朝中叶以后也有一定程度的公开。如乾隆时期将江、浙两省的文宗阁、文汇阁、文澜阁三阁所藏的四库全书公开,允许"士子有愿读中秘书者,许其呈明到阁钞阅"。

此外,书院藏书历来有流通使用的传流。"书院"顾名思义,原是藏书之所。后虽成为授徒育才的地方,仍然重视藏书。因为书院作为一种教育机构必须以书为基础,以保证师徒有书可读、有学可问,使书院的讲学、自学制度得以顺利进行。(参考程磊著"古代书院藏书流通的传统"一文,载《宁夏图书馆通讯》,1982年第二期)可见书院藏书的目的、对象是供院内师徒读书治学使用的,是为培养人才而用的。它在"以藏为用"这一点上迥然不同于公私家的藏书。

总的来看,封建社会中公私家藏书楼基本上是"以藏为藏",很少流通使用。这种状况延续了一千多年。直到明末清初才有人提出了"流通藏书"的主张。但这种"流通"的含义也仅仅是将藏书在有限的范围内稍予"公开"而已。可是这些倡议和作法比起长期以来将藏书"束之高阁",严加禁锢的做法终究是前进了一步。这不仅在当时起了推动藏书公开的作用,而且为以后的藏书开放制造了舆论。

2. 初期的"藏书开放"观念

清朝末年,以康有为、梁启超为代表的维新派提出了变法的主张。他们认为:要拯救中国必须在政治上实行变法。而要推行新政,必须从"振兴教育、作育人才、开通民智"着手。振兴教育的具体措施就是要开设学堂、开办报纸、翻译书籍、组织学会以及建立公共性的藏书楼(或称"大书藏")等。梁启超于1896年在《时务报》创刊号上曾提出:"泰西教育人材之道,计有三事:曰学校、曰新闻馆、曰书藏馆。"维新派李端棻于1896年在上疏《请推广学校折》中指出:与创办学校相辅而行的有几件事,其中第一件就是要设藏书楼。由此可见,维新派把藏书楼作为一种辅助教育的机构看待,因而赋予藏书楼以新的内容和作用。

维新派不仅在言论上大力倡导,而且在行动上也大力创办开放性的藏书楼。他们在设立译书院、学堂、学会的同时,也设立了藏书楼。如1895年北京强学会曾设"书藏"于北京琉璃厂。苏州的苏学会、金陵的劝学会、桂林的圣学会等均设有开放性的藏书楼。

值得提出的是古越藏书楼。古越藏书楼是浙江绍兴徐树兰私人创办的。徐树兰受维新思想的影响,捐出了自己的家藏供全郡人士观览。他在《为捐建绍郡古越藏书楼恳请奏咨立案文》中说："泰西各国讲求教育，辄以藏书楼与学堂相辅而行。都会之地，学校既多，又必建藏书楼资人观览。英、法、俄、德诸国收藏书籍之馆均不下数百处。伦敦博物院之书楼，藏书之富甲于环球……阅者通年至十余万人。"（载《古越藏书楼书目》一书）于是他参酌东西方各国图书馆的章程，拟定"存古和开新"的办馆宗旨，将私人所藏的七万余卷书籍向社会各阶层人士开放。"存古和开新"的宗旨充分体现了当时特定历史条件下的古越藏书楼的性质。

由于将藏书开放，供社会人士借阅，因此就有了初期的读者服务工作。这一时期的读者服务工作有如下特点：

（一）向社会开放，但主要以知识分子为开放对象。大多数学会的藏书楼以本会会员为服务对象。

（二）在服务方式上，多数藏书楼只限于楼内阅览，不准将书带出楼外。

（三）有一定的借书手续和制度。如古越藏书楼详细地制订了借书办法、借书时间、借书册数以及损坏赔偿办法等。

总起来看，这一时期读者服务的指导思想是"开放藏书，以启迪民智"。通过开放藏书来传播改良主义思想及西方的科学技术知识，把藏书楼作为教育人才的手段来看待。这一时期所创办的这种改良式的藏书楼孕育着近代图书馆的因素，是向近代图书馆过渡的一种形式，因而它在我国图书馆的发展过程中起着承上启下的作用。但它只是初期的开放形式，开放的对象仍很有限，服务方式也大多只限于楼内阅览。

二、辛亥革命前后的读者服务观念和服务工作

1. 公共图书馆初期的读者服务观念和服务工作

宣统元年（1909 年）颁布了一项"京师图书馆及各省图书馆通行章程"。该章程的第一条规定了图书馆的宗旨，指出："图书馆之设,所以保存国粹、造就通才,以备硕学专家研究学艺,学生士人检阅考证之用。以广征博采、供人浏览为宗旨。"从这个宗旨来看,带有浓厚的半封建、半殖民地性质。一方面它要保存国粹,一方面鉴于西方科学、文明的传入,又要造就通才;一方面以硕学专家作为主要服务对象,一方面又要顾及学生士人检阅考证书籍的需要。所以它带有很深的历史痕迹。

这个章程带有政令性,它的颁布对我国各省立公共图书馆的建立和服务方针的确立均起了一定作用。

这一时期公共图书馆的服务方针大多以"保存国粹,输入文明,开通知识"为宗旨。在服务对象方面扩大到一般公职人员及知识分子阶层。如"云南省图书馆章程"规定:"凡政界、学界、实业界、军事界之人,勿论本省客籍,皆得照规则入馆参阅。"

这一时期的公共图书馆对来馆阅览者一般都要收费。如"湖南省图书馆章程"规定:"凡入馆阅览图书者,不得不略取券资,一以津贴杂用,一以稍示限制。"但对官立各学堂"所有教员、学生入馆阅览图书,一律免收券资"。(见《湖南省图书馆暂行章程》,1906年载《学部官报》第十二期)

服务方式大多只限于馆内阅览,但对"教习有须编讲义者,应行暂时借出。维必须有本学堂关防借据,另备抵偿金,方得携出"。(见《湖南省图书馆暂行章程》)

综上所述,我国公共图书馆初期的读者服务工作虽然名义上是公共使用藏书的性质,但在服务方针、服务对象、服务方式等方面均残留着深刻的藏书楼作风。它的服务范围仅涉及公职人员及教师学生等少数知识分子,尚未普及到一般百姓。加以阅览图书时须缴纳"券资"或"月银",这就限制了大多数民众来馆看书的可能性。

2.民主派所创办的图书室的服务方针

这一时期在图书馆事业中有一支劲旅突起,这就是民主派所

184

创办的书报阅览室或藏书楼。它们为了宣传革命思想及其政治主张，以书刊为工具，以阅览室为阵地，开展了图书借阅和各种宣传活动，以崭新的姿态出现在我国的图书馆事业中。1905 年在上海成立的"国学保存会藏书楼"，1901 年在武汉由日知会创办的"圣公会阅览室"等均属此类。它们在服务工作方面有几个特点：

（一）服务对象比较广泛。据《武昌日知会纪念碑文》中记载："圣公会设一阅书报处，购各种新闻、杂志及新书任人入览，以瀹进知识"。"每逢礼拜、假期，至日知会阅书报者更多，兵士、学生习以为常"。（见曹亚伯著"武汉日知会之破案"一文）可见其服务对象普及到学生、士兵等广大群众。

（二）以热情的态度服务。圣公会阅书报章程中第一条规定："阅书报时辰每日上午十二句钟起，至下午八句钟止，烟茶敬备，不取分文"。对"凡来观者，必有人接谈"。（见李希泌、张椒华编《中国古代藏书与近代图书馆史料》第 182 页，中华书局，1982 年）

（三）把流通书报与宣传革命思想结合起来。"对阅书报者，乘间灌输革命大旨。凡《猛回头》、《警世钟》诸书，均于兹公布"。（见《武昌日知会碑文》）

民主派所创建的书报阅览室规模虽小，藏书较少，历史也很短暂，但在开展读者服务和宣传活动方面做了不少工作，也取得了较显著的成绩，为五四运动以后的一些进步图书馆所开展的服务活动开辟了道路。

3. 辛亥革命以后我国图书馆的服务思想与服务工作

民国以后，西方民主与科学的思想在中国逐渐盛行。不少人认为，要富国强民必须高举民主与科学两面大旗，大力发展平民教育与科学教育，这样才能振兴中华。这个时期恰好由蔡元培先生任教育总长。蔡元培先生一生提倡民主与科学，支持并倡导新文化运动。他非常重视社会教育，认为："无人不当学"，主张劳工平民均应有受教育的机会。从这一主张出发，他很重视图书馆的作用。在他任职期间,特设立社会教育司,其中任务之一即"掌管图书馆及保存文献事"。而鲁迅先生恰好在当时任社会教育司第一科的业务工作,这对于民国以后我国图书馆事业的迅速发展起了重要作用。

民国四年(1915年)教育部连续颁发了两个图书馆条例,即:《通俗图书馆规程》(十一条)和《图书馆规程》(十一条)。在《通俗图书馆规程》中规定:"各省治、县治应设通俗图书馆,储集各种通俗图书,供公众之阅览"。"通俗图书馆不征收阅览费"。而在《图书馆规程》中则规定:"各省、各特别区应设图书馆,储集各种图书,供公众之阅览"。"图书馆得酌收阅览费"。可见对去通俗图书馆的一般民众是优惠的。

两个图书馆规程公布后,最大的变化是各市、县建立起一些通俗图书馆或书报阅览处。

最早建立起的是京师通俗图书馆。它成立于1912年。京师通俗图书馆的办馆宗旨是:"以启发一般人民普通必需之知识为主"。所采集的图书"以人民所必需且易晓者为宜"(见《京师通俗图书馆成立之经过》,载《教育公报》第三卷第十期)京师通俗图书馆内设有阅览室、新闻阅览室、儿童阅览室,并附设公众体育场一个。通俗图书馆的开设受到广大民众的欢迎。据统计,1916年京师通俗图书馆全年阅览为266914人次,平均每天895人次。而同期内京师图书馆只有2968人次,平均每天34人次,不及京师通俗图书馆阅览人次的二十分之一。这足以说明当时通俗图书馆有多么广泛的群众基础。

为扩大图书流通,发展平民教育,有些地方还设有巡行文库。据《教育公报》第三年第十期载:"巡行文库为通俗教育之一种"。是"由各县设通俗文库总部一所,采集人民必需而易晓之各种图书,输送城镇乡各支部,再由支部转送各村落阅览所。限定日期阅毕,由乡送回总部收存"。这种巡行文库当时虽然设立不多,但它进一步深入各乡村,使图书流通范围不断扩大。

4.公私立高等学校图书馆的读者服务工作

这一时期公私立高校图书馆较之公共图书馆在读者服务方面有更快的发展。其特点是:

(一)开展了图书外借工作。各高等学校图书馆除工具书和期刊外,一般的图书都准许借出馆外。如清华学校"图书馆借阅规则"(1919年订)中规定:"教职员及学生向本馆借书,一次以二册为限。"

(二)延长开放时间。如清华学校图书馆自1915年夏,每日阅览时间比前增加两倍,即除白天外,还开夜馆。北京大学图书馆亦为早、午、晚三段时间开馆。

(三)密切配合教学。如北京大学图书馆除设有古书、杂志、报纸、一般书籍四个阅览室外,各系均设有分阅览室,"可随时调取图书馆的书籍,供教学研究之用"。(见《北京大学概略》1923年)清华学校规定:"教师为教授上取用参考书籍,可不受借书册数的限制。"(见《清华学校一览》1919年)

纵观这一时期图书馆的服务工作,有如下特点:

第一,图书馆的服务对象进一步扩大。本世纪初,图书馆虽向社会开放,但仅限于硕学专家和学子士人。民国以后在启迪民智、提倡平民教育的思潮影响下,通俗图书馆和民众教育馆作为推广平民教育的手段,从一开始就以向广大劳工和平民开放为宗旨,以供广大民众看书识字为任务。因此公共图书馆,特别是通俗图书馆的开放对象普及到广大的民众。

除此之外,这一时期还顾及到妇女和儿童读者,这也是前所未有的。如京师通俗图书馆于1916年增设儿童阅览室一处。浙江省公立图书馆除男子阅览室外,还设有女子阅览室和儿童阅览室。(见《浙江公立图书馆章程》1917年)这在当时社会情况下,不仅反映了图书馆服务对象的扩大,也是妇女在一定程度上解放的标志之一。

第二,以启迪民智、普及教育作为读者工作的指导思想。在这种思想指导下,读者工作以扩大图书流通为重点,使书籍深入市、县、乡镇,尽量接近广大民众,以达到普及新知识、新文化,向广大民众进行教育的目的。由于采取了推广图书的措施,借书人数有巨大的增加。如山东省一所规模较大的通俗图书馆每日阅者达千余人。(见《教育公报》第三年第十期)足见当时图书流通范围的广泛。

三、五四运动以后的读者服务观念和服务工作

五四运动开辟了中国历史的新时期,是我国近代史上的一个转折点。五四运动不仅是一个政治运动,也是一个新文化运动。它以"反对旧礼教,提倡新道德;反对旧文学,提倡新文学"为目标,高举民主与科学两面大旗,向几千年的孔孟之道展开了猛烈的攻击。这样一个伟大而彻底的思想革命运动是有史以来空前的,它对全国人民来说也是一次伟大的思想启蒙运动。

在这种形势下,图书馆作为宣传新思想、传播新文化、向人民进行教育的有力阵地,开展了许多有益的服务活动,在社会教育中发挥了积极的作用。同时,在为社会服务的过程中,也推动了图书馆事业本身的发展。

1.五四运动以后读者服务观念的发展

这一时期有两方面的力量对读者服务观念有所阐发。一方面是以李大钊为首的无产阶级革命派。他们把图书馆作为传播马列主义思想,团结人民、教育人民的阵地。另一方面是以沈祖荣、刘国钧、杜定友等人为代表的欧美图书馆学派。他们于辛亥革命后曾先后留学欧美,学习西方图书馆学的理论和实践,回国后将西方国家的办馆思想带回中国,并在理论和实践上推广西方的一些办馆思想。李大钊和刘国钧、杜定友虽然在政治观点上不同,但他们

在图书馆的服务方针和服务思想方面却有许多共同之处。下面分述他们的服务思想。

（一）李大钊倡导的服务思想

李大钊于1918年曾担任北京大学图书部主任。他在图书馆学理论和图书馆实践方面均有许多精辟的论述和做法。

（1）关于图书馆的性质：他非常强调图书馆的教育性质。认为："现在图书馆已经不是藏书的地方，而为教育的机关。""现在的图书馆是研究室，管理员不仅只保存图书，还要使各种书籍发生很大的效用，所以含有教育的性质。"（见李大钊"在北京高等师范图书馆二周年纪念会上的演说辞"载《图书馆学通讯》1979年第二期。）

（2）关于图书馆的服务对象。他认为图书馆有两种，一种是社会的；一种是学校的。社会图书馆的对象是社会一般人民，应面向劳工。他说："劳工聚集的地方，必须有适当的图书馆、报室，专供工人休息时间的阅览。"（见李大钊著"劳工教育问题"，载《晨报》1919年2月14日—15日）基于这种认识，他主张"图书馆宜一律公开，不收费。"（见《新生活》第五期，1919年9月）而对学校图书馆则主张配合教学，保证学生学好专业课。他指出："从前旧教授法是以教师为主体的，现在不满意这种制度，在教科书和课堂之外，还由教师指出许多的参考书，作学生自动学习的材料。按这种新的教授法去实行，若没有完备的图书馆，藏了许多参考书，决不能发生效果。"（见李大钊"在北京等师范图书馆二周年纪念会上的演说辞"，载《图书馆学通讯》1979年第2期）所以他对学校图书馆的服务方针和服务对象也提出了明确的意见。

（3）在服务方式上主张采用开架式。他认为："旧图书馆采用文库式，取书手续非常麻烦……现在欧美各国为节省无谓的手续和虚费的时间，并且给阅览的人一种选择的便利，所以主张开架式。"（见李大钊"在北京等师范图书馆二周年纪念会上的演说

辞",载《图书馆学通讯》1979年第2期)

他不仅在理论上,而且在实践中也贯彻这些主张。他在北京大学图书部任职期间,无论是藏书的搜集、分类和目录的组织、阅览室的设置,直到开馆时间、图书馆工作人员的水平等方面,均以配合学校的教学和研究为原则,并处处从读者着想来安排图书馆的工作方案和具体措施。

(二)刘国钧、杜定友等人倡导的服务思想

刘国钧、杜定友等我国图书馆界的一些老前辈借鉴欧美的经验,结合我国的实际情况,对图书馆的性质和服务思想、服务方针等作了许多论述。

刘国钧先生认为:图书馆是公共教育的一部分。"图书馆在教育上的价值,有时竟过于学校"。因为"社会之人,在学校者少。人之一生,在学校时少。然则图书馆教育,苟善用之,其影响于社会、于人生者,甚于学校"。(见刘国钧著"美国公共图书馆概况",载《新教育》七卷一期)基于对图书馆性质的这种认识,他认为近代图书馆的特征是:

(1)主动的而非被动的。"要使馆内所藏的书都有人阅览,尤其要使得社会上人人都能读他所当读的读物"。要做到这一点就要"用种种方法引起社会上各人读书的兴趣,并且谋阅览人的种种便利"。

(2)使用的而非保存的。"它们特别欢迎人来阅览、借贷或参观"。

(3)民众化的而非贵族化的。"现代图书馆是为着大多数的人而设的,不是为了少数所谓'读书人'而设的。凡是有读书识字能力的,不问他的年龄、地位、职业和性别,都应当在图书馆内寻着适当的读物"。

(4)社会化的而非个人化的。"现代图书馆所注重的对象已由书籍变为它所服务的人。它的兴趣已由静止的保全图书,变成活动的指导人们阅览图书了"。

总的来说,他认为"图书馆是以用书为目的,以诱导为方法,以养成社会上人人读书的习惯为指归。"(见刘国钧著"美国公共图书馆概况",《新教育》七卷一期)

杜定友先生也十分强调图书馆的教育作用。他指出:"图书馆对于阅者的责任,非特以适当的图书,简便的方法,以应他们的需要,而且要积极的倡导他们自修求学。"他认为图书馆的核心思想应当是:"以适当的图书,在适当的时候,供给适当的读者。"(见杜定友著《图书馆与成人教育》,上海中华书局,1933年)

由此可见,李大钊和刘国钧、杜定友等人在服务方针和指导思想方面有许多共同之处。他们的共同见解可归纳为:

第一,图书馆不能只满足于阅览、外借工作,还应扩大流通,积极吸引广大民众来看书学习,使每个人都能读到他所当读之书。

第二,图书馆的服务工作应当贯穿教育精神,要积极辅导读者自修求学,帮助他们获得知识。

2. 五四运动以后读者服务工作的发展

在上述思潮指导下,这个时期我国图书馆的服务精神和服务方式都有较大的发展。具体表现如下:

(一)在图书流通方面

除外借、阅览方式外,还采用了图书流通代办处和通信借书、家庭文库等方法。

(1)图书流通代办处:即不仅在馆内开展借阅工作,还创办流通代办处,主动将书刊推广、扩大到民众中,使更多的民众能够看到新书新报,受到新的科学文化知识的教育。根据《天津市立通俗图书馆月刊》(第二期)介绍:"为了流通图书、启迪民智,在各公共场所,如茶楼、市场、旅馆、澡塘等处,委托各处主管人员为图书馆代办图书流通业务。具体办法是:由天津市立通俗图书馆向每处提供一至二百种图书,一、二种报纸。每两个月换书一次。并经常派人至各流通代办处视察,指导一切。"

(2)通信借书:1921年上海通信图书馆开创了通信借书的先例。上海通信图书馆是由应修人同志团结了一批志同道合的青年创办的。他们的办馆方针是:"使得无产者有得书看。""以无猜忌的真情接待借书者,不收租费,不讨保证,也不希望任何的酬劳,以设身处地的用心为读者着想。"由于力争做到"不让任何地方的人们读不到任何种类的好书;不让任何种类的好书流通不到任何辽远偏僻的地方",因此"特用通信借书制"。(见《上海通信图书馆宣言及章程》,该馆编印,1928年)由于是以这样一种高度的思想境界来办图书馆,所以开办以后成绩很大。至1928年发展到五千个读者,通信借书的范围遍及全国各大城市、乡村,甚至远及南洋群岛。

(3)一些通俗图书馆为了普及文化,方便群众借书,除设立图书流通代办处外,还设立了巡回文库。如天津市七个市立通俗图书馆,按照天津市五大区及三特区设置了巡回文库路线表,由各馆派人依照预定的路线,按期巡回借阅。巡回文库备有各种书籍,并编有目录。巡回文库的借阅范围除一般民众外,还开展馆际互借和机关团体借书。

(4)还设有家庭文库和学校文库。家庭文库主要为家庭妇女学习文化、学习知识及教育子女而设的。天津市立通俗图书馆曾设立家庭文库。凡申请之家庭皆可领一木匣,内装五种图书,内容有关于家事的,有儿童读物,有科学、艺术及通俗教育的读物等。每匣借期两周,并可续借两周。

学校文库是供学校教员参考用的,凡图书馆服务范围内的公私立小学校均可借阅。

由于采取了多种多样的图书流通方式,所以借阅数量有很大增长。仅以天津市立七个通俗图书馆为例,1929年全年借阅人次为402934人次,1930年为603704人次,而至1933年则达到

997875 人次,比 1929 年增加了一倍多。(见"天津市立各通俗图书馆五个年度阅览人数统计比较表",载《天津市立通俗图书馆月刊》第一卷 4-6 期)

(二)在读书指导方面

在开展多种图书流通活动的同时,有一些图书馆还开展了读书指导活动。这些活动虽然不很普遍,但它为读者工作开辟了新的工作面。

上海市申报流通图书馆于 1933 年发起"读书指导"活动,以提高读者选择和消化图书的能力。他们认为,图书馆不仅应是大众的书斋和精神粮食的仓库,而且还要通过读书指导成为读者的益友和良师。其目的是:

(1)帮助选书:解除读者在浩如烟海的书籍中茫无适从的困难,明示读者按着时代的要求供给良善的营养,并为之作出各学科的"书目"、"研究方法"、"重要书籍提要",使读者能有目的、有系统地开展自己的读书生活。

(2)纠正读者离开实际,为读书而读书的态度,极力使读者认清读书是为了要认识并解决实际问题。

(3)在申报辟有"读书问答"专栏,帮助读者解决读书中的疑难问题。

(4)帮助读者组织各种学科的研究会及读者座谈会等,"俾读者获取切磋琢磨之效"。(见《申报流通图书馆目录汇编》1935年)

根据上述目的,申报流通图书馆开展了下列读书指导活动:

(1)通信问答:凡本馆读者及一切失学而对于学问有兴趣的朋友,对于一切书报上的疑问或自己读书的计划,都可以和本部做通信问答。

(2)阅览室指导:阅览室出壁报,凡报刊上的重要文字,应有计划地介绍。

（3）编制研究书目：使每位开始自学的读者对于书籍的选择上、时间的经济上，有一个粗粗的把握。

（4）编写名著提要：对各科名著，依次编写提要，便利那些读书还欠方法的人，而对于会读书的人也可以做一种参考。

（5）借书指导：帮助某些读者解决"想学这样，又想学那样"，"对同一性质的书不知哪一本应该先读"，以及"不知道对于自己的职业该先学些什么"等问题。

（6）和读者谈话：对提出复杂问题的读者采取个别谈话方式。对于从未与本馆联系的读者，依他们的职业分类，召集座谈会，一方面调查他们读书上的困难，一方面鼓励他们读书。（见《申报流通图书馆目录汇编》1935年。）

申报流通图书馆的读书指导工作做得细致深入，开创了中国图书馆界的先例。

除此之外，有些图书馆还举办了读书会、演讲会、图书展览会等，以引起民众读书的兴趣，加深读书的印象。

三十年代，我国的图书馆事业曾出现过一个高潮。与此同时，服务思想与服务活动也出现了一个高潮。可惜由于日本侵略中国战争的爆发，图书馆事业遭到严重破坏，这些好的服务思想与服务活动也被迫中止。

总之，解放前的读者服务工作虽有一定的发展，但其局限性很大。反动派不容许一些进步的图书馆宣传先进思想和进步书刊，这些图书馆往往开办不久即被查封停办，一些好的服务活动也因之被扼杀。只有到解放以后，读者服务观念和服务工作才真正得到迅速发展。

四、解放后的读者服务观念和服务工作

解放后，随着国家性质的改变，我国图书馆成了广大人民的科学文化教育机构。图书馆性质的这种变化，首先反映在读者服务观念的改变和服务工作的开展上。

解放初期:解放后图书馆向广大劳动人民敞开了大门。为了更好地为广大群众服务,图书馆界提出了"千方百计为读者服务"的口号。在这种服务观念的指导下,各类型图书馆,尤其是公共图书馆加强了图书流通工作,不仅想方设法吸引读者来馆借阅,还通过建立图书流通站、流动书车等多种方式,把各种书刊主动送到工农业生产第一线,送到劳动人民手中,不断扩大服务范围。也就是通过"请进来"、"送出去"等多种方式达到"千方百计为读者服务"的目的。

同时还开展了图书宣传和阅读指导活动。如举办新书陈列、好书推荐、图书展览等活动,向读者推荐优秀书刊;组织读书会、读者座谈会等辅导读者阅读;编制"推荐书目"引导读者有计划、有目的地进行学习。

这些服务活动的开展使我国解放初期的读者工作呈现出一派欣欣向荣的景象,这对于体现图书馆性质的改变,贯彻执行图书馆的方针任务起了重大作用。

1956年以后:1956年党中央提出了"向科学进军"的号召,各类型图书馆,包括大型公共图书馆、科学图书馆、高校图书馆等开始加强为科学研究服务的工作。如建立科技阅览室或参考工具书阅览室,编制各种专题目录或联合目录,开展馆际互借,对科研工作者在借阅书刊方面给予一些优惠条件等。图书馆在科学技术服务方面有所加强和发展。

1958年图书馆界提出了"一切为了读者"、"最大限度地满足读者的借阅要求"等口号。作为服务观念和服务思想,这些口号在当时产生了很大的号召力,把读者工作推向了一个高潮。具体表现则为:读者范围的扩大;图书流通数量的成倍增长;深入工农业生产基层,为广大劳动群众服务工作的发展等。但由于有些工作缺乏实事求是的科学态度,在工作中曾出现一些浮夸现象。可是作为服务观念来讲,"一切为了读者"、"最大限度地满足读者阅读需要"等口号,对于读者工作的开展是有指导意义的。

六十年代以后:这一时期读者工作在两个方面有比较大的发展:一是开展了读者研究工作。在调查研究的基础上,对各类型读者的阅读需求及其规律有一定的分析和掌握。二是图书馆为科研服务的工作进一步加强。如天津市人民图书馆对重点科研单位和重点科研项目开展了"对口服务"工作,即针对科研工作的需要,有目的、有针对性地代查、代找有关的书刊资料,并且随着科研工作的进展,继续不断地开展"跟踪服务"。这是我国图书馆界引进情报服务方式的开端。情报服务方式的引进,突破了图书馆传统的服务工作方式,加强了图书馆为科学研究和技术改造服务的内容,从而为图书馆的读者服务工作开辟了新天地。

总之,解放以后读者工作在图书流通、图书宣传、阅读指导以及情报服务等方面得到了全面的发展和提高。

这些丰富、生动的服务内容和服务活动,由于"文化大革命"而停顿了十余年。

纵观图书馆读者工作的发展,有下列几个特点:

第一,图书馆的读者工作有一个缓慢的发展过程。在漫长的发展过程中,由最初形式的藏书公开和藏书开放,逐步发展为外借阅览等流通图书的方式;由只为少数硕学专家服务,发展到为广大的民众服务;由单纯的流通书刊,发展到宣传图书、指导阅读;由被动的提供文献,发展到主动开发精神资源。这是一个由低级向高级、由简单向复杂、由被动向主动的发展历史。每个发展阶段都使读者服务工作向更高的水平迈进。

第二,从服务观点和服务思想上来看,必须强调读者工作的教育作用。从历史发展来看,不管哪个时期,凡是比较强调图书馆读者工作的教育作用,把读者工作作为一种教育人民的手段来看待,哪个时期的读者工作就比较深入、丰富和活跃,取得的成绩也比较显著和突出。所以,以教育作为读者工作的指导思想是提高服务质量的关键。

第三,由于图书馆的读者工作是利用书籍来进行宣传、教育的,因此它带有很强的宣传工作和教育工作的性质,它总是与各个历史时期的政治、经济、文化息息相关的。从我国近代图书馆读者工作发展的小小窗口,我们可以窥见中国近代社会历史发展的一斑。

第二节　读者工作的发展趋势

最近十余年中,世界发生了巨大的变化,信息已成为战略资源,知识成为最重要的工业,这个工业向经济提供生产所需要的重要资源。

随着信息社会的出现,信息资源大量涌现,甚至造成泛滥。例如,"美国每天出版六千到七千篇论文。由于能量更大的信息系统的出现及科学家数量的增多,信息的增长率将跃至每年增加40%,这意味着信息每二十个月增加一倍。"(见(美)约翰·奈斯比特著《大趋势》第一章)在如此大量的信息面前,没有组织的信息不再成为一种资源,相反,会成为科技人员的一种累赘和负担。所以,在这种新形势下,图书馆的读者工作必须由提供文献转向选择文献的方向上来,转向开发信息资源的方向上来。这就必须加强图书文献的筛选、报道、分析和检索,使图书馆收藏的文献资料能够从多方面得到开发利用,使读者能够以最快的速度,从多种途径获得所需文献情报。这样,图书馆将由知识宝库变成散发新的科技信息的知识喷泉。

从知识宝库到知识喷泉,从提供文献到开发精神资源,反映了读者服务观念的巨大变化,这是认识上的又一次飞跃。尽管我们对这种飞跃目前在理论上的认识还不深刻、不完备,在实践上也还有待于开创和积累经验,但是它的提出,对今后的读者工作必将产生深远的影响和重大的推动作用。

根据读者工作的历史发展和当前现状,预计在今后一段时间内,读者工作将在下列几个方面有所发展。

一、服务工作社会化

今后读者工作将更加面向社会、面向人民大众,成为一个开放系统。读者工作的社会化是我国社会主义建设发展的必然要求。要实现四个现代化,就要发挥每个人的才能,就要开发智力资源。而读者工作在这方面的作用是通过和社会其他部门的合作以及进一步向广大人民开放来完成的。读者工作的社会化将体现在下列几方面:

第一,将不断扩大服务范围,提高服务效果。今后读者工作不仅要对读者个人开展服务,而且将为社会各行各业及时提供有用的信息资料,甚至将成为社会信息的重要传递中心之一。

第二,馆际互借工作将进一步加强。由于服务范围的不断扩大及文献资料的大量涌现,任何图书馆的收藏都不能满足读者的多种需求。在这种情况下,必须加强图书馆之间的馆际互借,实现资源共享。任何图书馆所收藏的文献将不再是一个馆的私有财产,而是全社会的财富,可被各个图书馆和全部读者共同享用。今后,不仅在国内各类型图书馆之间和各地区之间将广泛开展馆际互借,而且在国际间也将大力开展馆际互借工作,加强与国外文献资源的共享。

第三,进一步发展计算机网络服务。由于自动化流通系统的实现,缩微技术、复印技术、存贮技术和光电技术等在图书馆的广泛采用,将使得任何图书馆的读者工作都成为计算机网络系统的一部分。各个图书馆一方面将成为一个独立的系统,根据本身的读者特点开展工作;另一方面同时又是整个系统的一部分,为全体读者所使用。在这种情况下,读者工作的社会性将极大地扩展。

第四,读者工作越来越成为社会文化教育的一部分。它除了配合自学考试、函授教育等为社会教育服务外,还将配合学校教育,为培养人才服务。此外,图书馆还将大力开展科学知识和文化知识的普及工作和阅读辅导工作,成为社会文化教育的活动中心,在社会阅读活动中将发挥更大的作用。

二、服务内容情报化

在向信息社会发展的过程中,读者对情报的需求将进一步加强。情报将成为每个人学习、生活、工作中必不可少的东西。这里既有"情报爆炸"所造成的后果,也有经济发展、文化繁荣和科学大众化所产生的结果。在这种形势下,读者更加需要有针对性的情报,因此读者工作的内容必须向情报化的方面发展。读者工作的情报化将体现在下列几方面:

第一,提供文献的类型将发生变化。不仅提供图书、期刊,还提供科技报告、产品标准、专利文献、会议录等时间性、针对性较强的情报资料。

第二,服务工作更加面向用户。在信息社会中,读者要求传递的文献有高度的选择性,在时间上要求及时性。因此,大部分服务内容将转向情报服务的方向上来。具体表现在参考咨询工作和文献检索工作的加强。参考咨询工作将进一步针对读者提出的问题或本地区的重点科研、生产任务,为读者提供最新的信息资料。文献检索工作除开展传统的手工检索服务,包括定题检索、定向检索、科技预测、国内外情报研究等外,还将广泛地开展计算机检索服务。机检工作的开展,将使服务工作的质量、速度大大提高。

第三,读者研究和读者培训工作将进一步加强。为了使各项服务工作有的放矢,必须加强对读者阅读需求的研究。研究读者除了定期进行抽样调查或对各项读者统计进行分析外,还应在日常的外借、阅览、参考咨询以及宣传辅导等工作中随时随地调查了解读者的阅读需求和阅读效果。这项工作今后将作为读者工作部门的一项经常任务列入工作日程中。

研究读者只是一种手段,其目的是为了掌握读者的阅读规律,进一步加强读者服务工作。所以研究读者必须和改进服务、加强读者组织和读者培训等工作结合起来。

加强读者培训和读者教育工作是促进文献资源的开发和利用的重要措施。只有使读者了解图书馆的藏书情况,通晓各种文献资料的特点,掌握各种检索工具的使用方法之后,读者才能自如地利用图书馆的丰富的文献资料去掌握人类的精神财富,并进一步去发展和创造人类新的精神文明和物质文明。

读者研究的加强,不仅对读者工作的实践有巨大的指导意义,而且也将充实和丰富读者工作学科的内容,推动读者心理学、阅读心理学、阅读社会学等学科的发展。

三、组织管理科学化

随着读者工作内容的发展和服务手段现代化的实现,必须用科学的方法加强组织管理,这是今后改进读者工作的一个重要方面。

读者工作的组织管理将从下列几方面加强:

1. 设计和组织读者服务的最佳方案

方案要作到"以最低限度的藏书,满足最大限度读者的需要"。(见佟曾功著"读者服务工作的组织与管理",载《图书馆工作与研究》1981 年第 4 期)为了加强组织管理,国外一些图书馆采用系统分析的方法对读者工作进行系统分析,严格考察每项工作的每个步骤及各项工作之间的相互联系,从中抉择最佳的服务方案。

在设计和组织服务方案时,要适应科学发展的特点和读者使用上的方便。如近年来国外一些大型图书馆大多采用分科制来设置阅览室或咨询部门。有些图书馆甚至将咨询工作和图书流通工作都按社会科学、自然科学、应用科学等各种学科分开设置。在这些专科部门,既设有参考书和各种检索工具,又设有供一般流通用的书刊,藏书一般采用开架制。实践证明,采用分科开架制,既适应了科学发展的需要,又方便读者利用。所以这种做法今后也将成为我国图书馆组织读者服务的最佳方案。

2.合理使用人力,不断提高馆员的水平

前面讲过读者工作是全馆工作的窗口,因此应将思想好、水平高的馆员放在读者工作第一线。国外从事读者工作(主要是解答咨询和指导阅读)的馆员,多是某些专门学科大学毕业后再攻读图书馆学或情报学,取得硕士学位的人员。具备了这种水平才能适应解答专题咨询的需要,才能有效地对读者进行阅读指导。目前我国图书馆员的知识结构还达不到上述水平,但在目前条件下,各馆尽可能将水平较高的馆员充实到读者工作部门,并在实践中注意提高他们的知识水平和业务能力。

3.正确处理读者工作中的各种关系

读者工作范畴内存在着各种互相制约又互相依存的关系,处理好这些关系是从思想上、认识上提高组织管理水平的一个标志。

首先,要解决好藏与用的关系,作到既方便读者使用,又能保证藏书不受损失。

其次,要解决好馆内服务与馆外服务的关系。特别是公共图书馆,在做好馆内服务工作的同时,要大力组织馆外服务活动,并切实加强管理,以扩大图书馆的服务面及其社会影响。

第三,要处理好传统的服务方法与现代化技术方法的关系。采用现代化手段后,一些传统的技术方法将被新技术方法所代替,或者需要进行一定的改革。但是采用新技术并不排斥原有的、合乎规律的传统技术方法。这是因为传统的技术方法仍然是实现现代化技术的基础工作和前期工作。如手工检索文献时,需要了解各种检索工具的性质、范围和使用方法,需要掌握检索的途径和方法。这些方面在进行计算机文献检索时,仍然是基础知识和基本的工作方法。

四、服务手段现代化

现代化技术在读者工作方面的应用主要有三个方面:电子计算机的应用、视听资料的应用以及复制技术的应用。

1.电子计算机的应用

电子计算机用于读者工作主要有下列几个方面:

(一)计算机用于定题文献检索

用电子计算机检索文献有脱机和联机两种方式。脱机检索即根据读者的科研课题或任务,由馆员定期地从文献库中把有关的文献资料检索出来,并用打字机打成书目,提供给读者。由于脱机检索读者不能直接和计算机对话,所以检索结果有时不能完全对准读者的需要。联机检索是读者利用终端设备直接从计算机中检索文献。联机检索由于实现了人机对话,检索结果如不符合读者的要求,可以及时进行修正,以取得最佳检索结果,所以能对准读者的需要,提高查准率。

(二)计算机用于参考咨询

一般来说,凡参加联机编目、联机检索的系统或有独立的小型计算机进行流通工作自动化的图书馆,均可用计算机开展解答咨询的工作。如美国伯克莱大学分校图书馆利用计算机解答咨询的范围包括:查找书目文献、报纸和杂志上的文章;查找有关问题的会议录、科技报告、政府文献;报道论文和进行中的科研项目等。

(三)计算机用于馆际互借

主要是通过自动化编目系统,从本单位的终端设备上查找收藏某书的单位和地址。查找时首先将准备从他馆借阅的书名和著者输入计算机,系统内的中心计算机即可把网络内收藏这本书的图书馆和地址全部显示出来。借书时,馆员通过电传机把借阅要求传递到藏书单位,然后藏书单位通过邮局把书寄来。据说,OCLC 系统上午 12 点半接到借书要求,三小时后书即可包装启运,近的地方当天可收到,远的地方一般不超过二、三天。(见吴则田著《美国图书馆情报工作自动化的现状及其发展趋势》,载《山东图书馆季刊》1983 年第 1 期)

(四)计算机用于图书流通

自动化图书流通系统有脱机和联机两种方式。脱机系统要有一个数据收集器,收集读者的借书记录,并于每晚将这些借书记录信息输入计算机中,进行批处理。联机系统实现了人机对话,可便于读者随时询问图书的去向,也便于馆员在读者还回图书时及时拦截已预约的图书,或发现有过失的读者(如过期、过量等)。因为联机系统的功能完善,目前多采用联机方式。

2. 视听资料的应用

传统的印刷型文献资料由于出版速度慢、传播知识间接、局限性较大,已不能适应科学技术迅速发展的需要。近年来视听资料逐渐发展,如录音带、录像带、唱片、幻灯等。这种资料脱离了文字形式,而直接记录声音和图像,因此又称声像资料。它可以闻其声、见其形,给人以直接的感觉,因此又称为直感资料。国内外许多图书馆已将视听资料列为收藏对象。

由于视听资料制作方便,能迅速地将科学技术上的最新成就制成录音和录像,并可实现远距离直接传输,因此对于传播最新科学技术、推广先进的生产技术有着独特的作用。

视听资料也是普及科学、文化知识,开展业余教育的重要工具。

视听资料的利用范围很广,主要用于:

（一）配合教学利用各种视听资料。根据我国目前的状况，利用较多的是幻灯片和科技电影。教师根据教学内容，选择有关的幻灯片或电影放映，以作为教学的辅助工具。

（二）配合讲座、报告会或专业会议，放映有关主题的电影、录像资料等，以便开阔眼界、启发思略、加深认识。

（三）利用科技电影、录像带等推广先进的生产技术，交流科学技术经验。

（四）利用唱片、录音带等欣赏音乐、戏剧等各种艺术作品。

由于视听资料产生的历史较短，图书馆如何开展视听资料的服务工作还缺乏系统的经验。根据国外的经验，视听资料的服务主要包括下列几个方面：

第一，编制并提供各种视听资料目录。

第二，解答读者咨询，根据读者提出的问题或要求，推荐或查找有关主题的视听资料。

第三，开展出借（或出租）影片、录音带、录像带的业务。

第四，为个别读者提供视听资料及播放服务。

第五，为集体读者提供科教电影、录像带等，并开展专场播放服务。

3. 复制技术的应用

科学技术的发展，读者阅读需要的不断增长，使得复制技术越来越成为读者工作中不可缺少的手段。目前应用较多的缩微复制与静电复制，有如下发展趋势：

（一）缩微复制品。除缩微胶卷、缩微胶片外，近年来还出现了光盘与计算机输出缩微品。由于激光技术用于缩微复制，实现了超缩微和特超缩微。超缩微的比例为：100∶1—150∶1，每张胶片可容纳 2500 页—3200 页。特超缩微采用打点式记录或全息记录，每张胶片可容纳 22500 页。计算机缩微品即 COM（译作"孔姆"），它能将计算机输出的信息转换成光信号，并缩摄在缩微胶卷或胶片上。COM 的发展,缩短了胶卷或胶片的制作周期,提高了计算机的使用效率,为实现计算机全文献检索创造了条件。

(二)静电复制由于速度快、成本低、复制方法简便、复制品不需要阅读机就可以应用等优点,很受读者欢迎。静电复印的发展趋势是向高速、双面复印以及彩色等方面发展。

综上所述,由于采用了现代化技术,使得读者工作的服务范围不断扩大,服务方式更加多样,服务速度大大加快,服务质量日益提高。所以,读者工作中逐渐采用现代化技术是我们今后努力的方向之一。

从读者工作的历史和发展趋势中我们看到,读者工作既受社会经济发展的影响,也受读者需求改变的影响。它是在适应两者的变化过程中得到发展的。而要适应这些变化,读者工作就必须在服务方向、服务内容以及相应的组织管理和技术设备的更新上进行改革。这几方面的改革将成为读者工作适应未来社会的保证。

在未来社会中,读者工作将仍然是社会文献交流系统的中间环节,仍然是社会宣传教育系统的组成部分,它在满足读者的信息交流与精神生活需要方面将发挥更加重要的作用。

参考文献

1. 试论我国古代图书馆事业非公共性的原因 程磊 《河南图书馆季刊》 1983 年第 1 期

2. 古代书院藏书流通的传统 程磊 《宁夏图书馆通讯》 1982 年第 2 期

3. 从鸦片战争到五四运动我国近代图书馆读者工作的发展 杨建东 《山西图书馆学刊》 1982 年第 4 期

4. 演变中的图书馆服务概念 J. S. 夏尔马 《国外图书情报工作》(科图) 1982 年第 1 期

5. 《美国百科全书》"图书馆"词条中第 19"读者服务" 广东省中心图

书馆委员会印 1982年

6. 美国图书情报工作自动化现状及其发展趋势 吴则田 《山东图书馆季刊》 1983年第1期

7. 自动化流通系统的功能与构成 陈光祚 《图书情报知识》 1980年第2期

8. 我国开展电子计算机定题检索简介 季长如 《山西图书馆季刊》1982年第4期

9. 高校图书馆声像服务构想 丁仍明 《四川图书馆学报》 1982年第4期